ジョン・ロック

——神と人間との間

加藤　節
Takashi Kato

岩波新書
1720

「たとえ思考のなかにおいてであっても、神を取り去ることはすべてを解体することなのです」。
「人間は、不死なる魂のほかに、この地上における現世的な生を持っています」。

―ロック『寛容についての手紙』より―

プロローグ――実像をもとめて

「一七世紀に身を置きながら一八世紀を支配した」天才

かつて、哲学者のA・N・ホワイトヘッドは、ヨーロッパの一七世紀を指して「天才の世紀」と呼んだ。たしかに、この規定は決して的外れではない。ヨーロッパの思想史上、一七世紀は、知的巨人を輩出した点で他に類例のない世紀であったからである。本書が対象とするロックもまた、ホッブス、デカルト、パスカル、スピノザ、ニュートン、ライプニッツ、ベールらとともに一七世紀を彩る天才の一人であった。しかし、ロックには、他の天才たちにはない二つの特筆すべき独自性がみとめられる。

ホワイトヘッドのいうように、一七世紀が「天才の世紀」であった理由は、それが、「人間活動の全域にわたって、この時代の諸問題の偉大さに拮抗《きっこう》できるような知的天才を提供した」点にある。ロックの第一の独自性は、一七世紀のこうした特徴を文字通り一身で体現したことにあった。彼は、認識論、政治学、寛容論、神学、教育論、経済論といった「人間活動の全域」にわたる学問領域をただ一人でにない、そのすべてについて卓越した成果をあげたからである。

ロックには、その点にも関連するもう一つの独自性があった。一八世紀に対する影響力の幅広さにおいて群を抜いていたことである。

影響は、まず思想史の上に現れた。もとより、一七世紀に活躍した他の天才たちも一八世紀以降の思想に大きなインパクトをあたえなかったわけではない。しかし、多くの場合、その範囲は限定的であった。たとえば、デカルトやパスカル、ベールやニュートンについて、後代の政治思想への影響をみとめることはできない。また、ホッブスやライプニッツが寛容論や教育論に遺産をのこすこともなく、スピノザが経済学の発展に寄与することもなかった。

それに対して、ロックは、多くの主題を扱ったこともあって、一八世紀以降の思想史の広範なジャンルに決定的な影響をおよぼすことになった。その点で、ロックは人類の思考様式そのものを変えた思想家であったといっても過言《かごん》ではない。

しかも、一八世紀へのロックの影響力は、現実の歴史にもおよんでいた。それは、政治思想と寛容思想との場合にとりわけ著しい。たとえば、彼の政治学上の主著である『統治二論』、とくに、同意にもとづく統治や革命権にいきつく抵抗権について論じたその第二篇は、アメリカ独立革命とフランス革命とをみちびく一つの有力な知的武器となった。また、政教分離の必要性を強調したロックの寛容論が、一八世紀以降、近代国家における政治と宗教との関係を定式化する上で大きな役割をはたしたことはよく知られている。

このように、ロックは、丸山眞男の表現を借りれば、思想と現実との双方において「一七世紀に身を置きながら一八世紀を支配した」思想家であった。

作られたイメージと実像

もとより、後世を支配するほどの影響力の大きさは思想家としてのロックの偉大さの反映であった。しかし、その結果、ロックの実像への接近を困難にする事態がもたらされたことも否めない。ロックの影響下に形成され、有力となった一八世紀以降の思想潮流をロックの思想そのものとみなす傾向を助長したことがそれである。

その結果、ロックは、ロック自身である前に、最初から、批判主義認識論の創始者、啓蒙の使徒、政治的自由主義の確立者、合理主義神学の祖といったイメージをまとって現れることになった。その点で、ロックは、後世への影響力をもとにして作られたイメージが真の姿の解明を制約することになった思想家の典型例をなしている。

けれども、とくに第二次世界大戦以後のイギリスを中心に、作られたイメージではなく、ロックの実像を問おうとする気運が強まることになった。しかも、それを可能にする客観的な条件があった。ロックに関する膨大な量の資料が残存していたことにほかならない。それには、二つの理由があった。

一つは、ロック自身が、迫害を極度におそれたこともあって、論文の草稿、自らの思索の跡を書きつけた紙片、日誌、備忘録、うけとった書簡等を、すべて秘密裡《ひみつり》に保存しようとする強い意志を生涯にわたって持ちつづけたことである。それによって、ロックをめぐる数多くの資料が残され、われわれには、ロックの生と学説とに関して、おそらく一七世紀の思想家の誰よりも多くの知識や情報があたえられることになった。

ロックをめぐる資料、とりわけ彼からの書簡が散逸《さんいつ》しなかったもう一つの理由があった。それは、ロックが同時代人の間で優れた知識人としての名声を得ていたことである。たとえば、ロックは、国際的な学問情報誌である『万国歴史文献』誌に寄稿した『人間知性論』のフランス語訳摘要を読んだ思想家たちから高い評価をうけていた。ベールが、自らの『歴史批評辞典』において、ロックを「今世紀でもっとも深遠な形而上学者」と呼び、ライプニッツが、自身の『人間知性新論』のなかで、ロックを「当代においてもっとも素晴らしい著作」の著者と評したのはその例である。

また、ロックは、多くの親しい友人や知己の間でも、非凡な知的能力を持つ人物として尊敬を集めていた。彼らが、ロックを、手紙のなかで、「きわめて頭脳明晰な知識人」と呼び、「人類にとって有用なすべてのことについて何かを知っており、研究したことのすべてについては完全に通暁《つうぎょう》した人物」であると評していた事実がそれを示している。

このように、同時代人から類《たぐい》まれな知性の持ち主として賞賛される著名な人物からうけとった書簡を多くの人々が貴重なものとして手元にとどめ、また、それらを子孫に遺《のこ》すことを望むのは自然なことであった。その結果、彼からの数多くの書簡が現在に伝えられることになったのである。

このように、ロックの意志と名声とによって、われわれには彼に関する膨大な量の資料が残されることになった。しかも、それらは退蔵されることなく公にされて、ロック研究の活性化を促すことになった。その決定的な機縁《きえん》になったのが、一九四七年に、「ラヴレイス・コレクション」と呼ばれる資料の束がオックスフォード大学のボードリアン図書館によって買い取られて公開されたことであった。このコレクションは、第二次世界大戦のころに、ロックが父方の叔父の孫で資料の管理を委ねたP・キングの末裔《まつえい》にあたるラヴレイス伯の所有物となっていたものである。

しかも、「ラヴレイス・コレクション」の公開から今日までに、ロックに関する重要な資料が次々に公刊された。そこには、『世俗権力二論』や『自然法論』といった最初期の作品、『人間知性論』の複数の草稿、三六〇〇通をこえる手紙を収録した『書簡集』、多様な主題をめぐる手稿をおさめた『政治論集』などがふくまれる。独特の速記法で記されたものをふくむ解読困難な手稿《しゅこう》の山と格闘する労から研究者を解放したこれら一連の資料の刊行によって、ロック研究の世界的な隆盛がもたらされることになった。そうした事態をうけて、かぎられた資料に依拠して作られてきたそれまでのロック像も、主として三つの点で根本的な修正を強《し》いられることになった。

新しいロック像へ――宗教性・複雑性・挫折

第一に修正を迫られたのは、パスカルのデカルト批判をもじっていえば、ロックを「神なしにすましうる」思想家とみなしてきた従来の解釈傾向であった。

その修正を強力に推進したのが、一九六〇年代後半以降にケンブリッジ大学を中心にして始まった思想史学を厳密な歴史学にしようとする動向であった。それをうけて、ロックの思想の

「歴史的説明」を試みる研究が次々に生みだされたのと連動して、史実のロックの思想的核心を宗教性にもとめる傾向が強まったのである。

そこで描かれたのは、「偽装したホッブス主義者」、「伝統的な自然的正義の基礎」の破壊の完成者、「所有的個人主義」の擁護者といった従来の世俗的なロック像ではなく、端的に「キリスト教思想家」としてのそれであった。人間を「神の事業」を遂行すべき義務を負う「神の作品」と規定し、「神を取り去ることはすべてを解体することなのです」と断言するロックについて、その思想の中核に宗教性をみないことは不当であると考えられるようになったからである。

第二に浮上したのは、自由主義や経験論といった単一の枠組みによって組み立てられてきた伝統的なロック像は、その枠組みから外れるロックの思想を非本質的なものとして切り捨ててしまうことになるという批判であった。

その背景には、「ラヴレイス・コレクション」の公開が、ロックの思想の隠された次元を顕在化させたことがあった。それによって、ロックの思想は、一つの原理や公式によって説明できるほど一面的ではなく、複雑に入り組んだものであることがあきらかになったからである。その点の認識を通して、多面的で錯綜《さくそう》した構造を持つロックの思想を単純化したり、それについて安易に無矛盾性や一貫性を独断したりしてはならないとする判断が一般化することになった。

第三に提示されたのは、ロックについて、思想的な挫折や失敗といった影の部分をみとめるべきであるという視点であった。

これまで、ロックは、矛盾や葛藤にみちた人間の問題の解決を理性に委ねて怪《あや》しまない楽観的な思想家とみなされることが多かった。しかも、そうした評価が下されることになった責任の一端《いったん》は、あきらかにロック自身にあった。彼は、人間が「おのが造物主の知識と自らの義務の洞察《どうさつ》とにみちびかれるに十分な光」を備《そな》えた「理性的被造物」であることを強調したからである。ロックが、光の世紀としての一八世紀に向けて啓蒙の王道を歩む思想家という一般的イメージで語られてきた理由もそこにあった。

しかし、ロック像の洗いなおしがなされるなかで、ロックは、自らが理性によって解くことができると信じた思想的課題の解決に失敗したのではないかと考えられるようになった。

ロック自身の告白を、そうした評価を裏づける一つの証拠としてあげることができる。それは、のちにもふれるように、死を前にしたロックが自分の「人生」を「空虚」という言葉で呼んだことにほかならない。この告白は、ロックが、精神の奥深くに何らかの挫折感をかかえる思想家であったことを暗に示しているからである。

このように、「ラヴレイス・コレクション」の公開以降、ロック像の再考作業が精力的に進められるなかで、ロックの実像を再現するためには、思想全体の宗教性、思想の複雑性、思想的挫折の三点にとくに配慮することが不可欠であると考えられるようになった。本書もまた、そうした理解を基本的に共有する立場に立って、史実のロックをできるだけ正確に描こうとする試みである。

以下、次のような構想にしたがって叙述を進めることにしたい。まず第一章でロックの生涯を四つの段階にわけて概観する。つづく第二章でロックの複雑な思想世界を読み解き、また、その根底にあるものを突きとめるための方法の問題について論じる。そのあと、成熟期から晩年期にかけてのロックの思想に眼を転じて、それぞれ宗教性との関連や思想的挫折の問題に注意しつつ、第三章では政治＝寛容論を、第四章では認識＝道徳論を扱う。その上で、エピローグにおいて、ロックの思想が、歴史をこえ、文化的背景の違いをこえて、われわれに問いかけてくるものがあるかどうか、あるとすればそれは何かについて考えることにする。

凡　例

一　本書で用いたロックの著作の邦題、原題、テキストは以下の通りである。

『人間知性論』（*An Essay concerning Human Understanding*, edit., P. H. Nidditch, Oxford, 1975）

『世俗権力二論』（*Two Tracts on Government*, edit., P. Abrams, Cambridge, 1967）

『自然法論』（*Essays on the Law of Nature*, edit., W. von Leyden, Oxford, 1954）

『書簡集』（*The Correspondence of John Locke*, edit., E. S. de Beer, 8 vols., Oxford, 1976–89）

『寛容についての手紙』（*A Letter Concerning Toleration*, in *The Works of John Locke*, A New Edition Corrected, vol. 6, London, 1823）

『寛容論』（*An Essay Concerning Toleration*, edit., J. R. Milton and P. Milton, Oxford, 2006）

『キリスト教の合理性』（*The Reasonableness of Christianity, As delivered in the Scriptures*, edit., J. C. Higgins-Biddle, Oxford, 1999）

『統治二論』（*Two Treatises of Government*, edit., P. Laslett, 2nd edn., Cambridge, 1967）

『パウロ書簡註釈』（*A Paraphrase and Notes on the Epistles of St. Paul*, edit., A. W. Wainwright, 2 vols., Oxford, 1987）

『教育についての若干の考察』（*Some Thoughts Concerning Education*, in *The Educational Writings of John Locke*, edit., J. L. Axtell, Cambridge, 1968）

『政治論集』（*Political Essays*, edit., M. Goldie, Cambridge, 1977）

一　『知性指導論』(*Of the Conduct of the Understanding*, in *The Works of John Locke*, vol. 3)

一　ロックの著作からの引用はすべて筆者の訳である。ただし、引用注はすべて割愛した。

一　ロックの伝記については以下のものを参照した。

F. Bourne, *The Life of John Locke*, 2 vols., London, 1876.

P. King, *The Life and Letters of John Locke*, London, 1884.

M. Cranston, *John Locke: A Biography*, London, 1957.

R. Woolhouse, *Locke: A Biography*, Cambridge, 2007.

一　新約聖書からの引用は、『新約聖書』(岩波書店、二〇〇四年)によった。

一　巻末にロックの略年譜を付した。

目次

目　次

ジョン・ロック
Sylvester Brounower による肖像画.
1685 年制作(National Portrait Gallery 所属)

第一章　生涯

第1節　幼・少年期

生涯における四つの段階

ロックは、一六三二年の八月二九日にイングランドのサマセット州リントンに生まれ、一七〇四年の一〇月二八日にエセックス州のオーツにあった年来の友人マシャム一家の邸《やしき》で死去した。母の実家があった小寒村で生をうけてから、ときに相互に思慕《しぼ》の情に転化するほどの深い信頼感で結ばれていたダマリス・マシャム夫人にみとられて世を去るまでの七二年間の生涯であった。

ロックのその人生は、生の形式の著しい変化によって次の四つの段階に区切られる。まず、第一段階は、生誕から、ロンドンにあるパブリック・スクールの名門ウェストミンスター・スクールに入学した一六四七年の秋までの期間をすごしたサマセットでの幼・少年期である。

ロックの人生の第二段階をなすのは、ウェストミンスター・スクールを経て進学したオックスフォード大学のクライスト・チャーチで生活した時期、すなわち一六六六年ころまでの青年期にほかならない。

次いで、最大のパトロンであり、のちの初代シャフツベリ伯となるA・アシュリー・クーパー卿のロンドンの邸に移った一六六七年から、迫害をおそれてオランダに亡命した一六八三年以後五年半にわたって亡命生活を送った壮年期がロックの人生の第三の段階であった。つづく第四の段階にあたるのは、ロックの晩年期、すなわち、「名誉革命」後のイングランドに帰国した一六八九年から一七〇四年に死去するまでの時期である。以下、それぞれの段階に即《そく》しながら、できるだけ簡潔にロックの人生をたどることにしたい。

ピューリタニズムにもとづく家庭教育

ロックの幼・少年期については、生後すぐにリントンのオール・セインツ教会で洗礼をうけたこと以外には、公的な記録はほとんど残されていない。しかし、さまざまな資料からロックの家系や幼・少年期の家庭環境はほぼあきらかになっている。

ロックは、父ジョン、母アグネスの次男として生まれたが、長男が幼くして死去したので実質的には長男として育てられた。両親はともに商業に従事する家系の出身、すなわち、父方は織物業を、母方は製革業を営む家系の出であった。しかし、父のジョンは家業を継がず、独学で法律を勉強してサマセット州の治安判事の訴訟代理人兼書記をつとめていたが、そこからの収入は決して多いものではなかった。

彼はまた、多少の土地を所有するジェントリーであった。しかし、その地位もロック一家に豊かな生活を可能にするに十分な生計の資をもたらしたわけではない。ただし、貴族階級には属さなかったロックのなかで、出自がジェントリー階級であるという感覚は自尊心を構成する重要な要素であった。ロックが、『人間知性論』の表紙で自身をジェントルマンと称した事実がその点を示唆する。それは、のちに、ルソーが『社会契約論』で誇りをこめて自らを「ジュネーブの公民」と呼んだ感覚に通じるものであった。

幼・少年期のロックに対して、こうした社会経済的な境遇《きょうぐう》よりも決定的な意味を持ったのは、両親が敬虔なピューリタンであったことである。この事実は、二点において、ロックの人生に大きな影響をあたえることになった。

一つは、ロックが両親からうけたピューリタニズムにもとづく家庭教育のなかで確固とした精神の原型を築いたことである。それは、当時のピューリタンに特有のものとされる次の三つの要素からなっていた。すなわち、信仰を自らの責任とみなすことに由来する精神の自立性、人間の生の中心に神への義務の感覚を置く態度、そして、その義務の感覚に忠実に生きようとする自己規律の強さにほかならない。ロックは、幼・少年期に身につけたこれら三つの精神態度を生涯にわたって持ちつづけることになる。

ピューリタンの家庭で育ったことがロックの生涯にあたえた第二の重要な影響があった。それが、貧しいジェントリーの子弟としてのロックに社会的上昇への機会をもたらしたことである。そこには、次のような歴史的背景があった。

一六四二年、国王大権を拡張しようとするチャールズ一世、彼を支持する王党派有力貴族やイングランド国教会の聖職者と、身分上の特権を維持し、信教の自由を守るために国王権力に立憲的な制限を課そうとする議会派やピューリタン諸派との間で内戦がおこった。何が大権であり特権であるかの判断権を誰が持つかを重大な争点とするこの内戦に際して、ロックの父親は議会派の騎兵隊の一将校としてただちに参戦した。

そのときの上官将校に、A・ポファムという人物がいた。ロックの父親と同様に内戦の初期の段階で戦った彼は、のちにイングランド南西部を代表する有力な下院議員に転身した。その結果、ポファムは、内戦の過程で議会派が掌握したウェストミンスター・スクールに、部下であり自らの訴訟代理人でもあった人物の息子を入学させることができるだけの政治的権威を手にした。その権威が実際に行使されることによって、ロックは、一六四七年に同校への入学を許可され、生涯の第二の段階にあたる青年期を迎えることになる。

第2節　思想家の誕生

オックスフォード時代

ロックは、ウェストミンスター・スクールでの五年間を経て一六五二年にオックスフォード大学の筆頭コレッジであるクライスト・チャーチに進学し、そこで一六六六年までを過ごした。ウェストミンスター・スクール時代のロックは、議会派の勝利による「ピューリタン革命」の成就《じょうじゅ》、チャールズ一世の処刑、クロムウェルの主導による共和制の実現といった歴史的事件に遭遇した。そうした状況のなかで、ロックは、古典を中心とする伝統的な学校教育に不満を覚えながらも、厳しい自己規律によって着実にその知的能力を開花させていった。

しかし、ロックのそうした優れた才能だけがオックスフォード大学への進学を可能にしたわけではない。今回もまた、ポファムの政治的影響力なしに、ロックに対してクライスト・チャーチの門は開かれなかったからである。しかし、この事実は、若く多感な、しかも自立心に富んだ青年ロックの精神に、やがて屈折した心理的な影を落とすことになるであろう。

オックスフォード時代のロックは激動する歴史のただなかにいた。それは、次のような一連の歴史的変動と重なっていたからである。まず、護民官クロムウェルによる軍事独裁政治の強行とピューリタニズムにもとづく宗教的非寛容の横行、それに対する王党派やイングランド国教会の激しい反発があった。さらに、クロムウェルの死につづいて、一六六〇年には、チャールズ二世の即位による王政復古がなされ、その下で、クラレンドン法典を柱とするイングランド国教会の非寛容政策が遂行されるに至った。

しかも、ロックは、こうした同時代の歴史状況と自分の生との相関関係を強く自覚するようになっていた。青年期に達していたロックは、社会的な感受性を身につけ始めていたからである。そうした社会的意識を持ちながら、ロックは、クライスト・チャーチのなかで、一六五八年にマスター・オブ・アーツを得て特別研究員になり、また、ギリシャ語、修辞学、道徳哲学のチューターをつとめながら研究をつづけた。

他方で、ロックは、古典学やスコラ哲学に不満を覚えていたこともあって、当時のオックスフォードで著しい進展をみせていた医学や化学の実証的な研究に大きな関心を寄せた。事実、ロックが、多くの医学者や化学者が行っていたさまざまな実験に参加したことは、彼の将来に対して大きな意味を持つことになった。自然の認識が、スコラ哲学が説くような先験的な原理からの演繹《えんえき》によってではなく、観察という経験からの帰納法によってえられることをロックに教えたことがそれである。

しかも、ロックには、自然研究によって開かれた人間の認識問題への関心をよりかきたてる体験があった。それは、おそらく一六六〇年ころに、二人の大陸の哲学者、デカルトとガッサンディとの作品にふれたことである。

ロックにとって、とくにデカルトの『精神指導の規則』や『第一哲学に関する省察』を読んだことの衝撃は大きかった。彼が、後年、マシャム夫人に対して、デカルトには「当代のスコラ学で用いられている哲学の語り方の不可解な方法から私を最初に解き放ってくれたという恩義を感じている」と述懐している事実がそれを示している。

また、ロックが、ガッサンディの哲学から認識における感覚的知覚の役割の重要性を学んだことも無視できない意味を持っていた。それは、その後のロックの認識論に一貫して生かされることになったからである。

神への信頼と人間への不信

このように青年期のロックは、特別研究員として、自然科学や医学、人間の認識問題の研究に打ちこんでいた。そのオックスフォード時代について指摘すべきもっとも重要な点がある。それは、ロックが思考し、研究する「学者」として生きようとする自己意識をこの時期に確立したことである。しかも、ロック自身がいうように「意識が人格的同一性をつくる」とすれば、思考する存在としての自己意識は、ロックがその後の人生において揺らぐことなく持ちつづけたアイデンティティの根底をなすものであった。そうした自己同定的な意識が形成されたのは、次のような複雑な過程を経てのことであった。

ロックの場合、彼に「学者」としての自己意識をいだかせた理由とみなしてもおかしくはない二つの人間的条件があった。自らの知的能力への自信と、肉体的虚弱の感覚とがそれである。たとえば、ロックが、「霊感」と自己の資質との「不協和」を理由に聖職者にならなかった背景には、自身の「理性」能力への自負があったと考えることは不自然ではない。また、ロックが、虚弱体質への代償意識として頭脳に賭《か》ける「学者」への道を選んだと解することも、十分に成り立ちうる推論である。

しかし、こうした人間的な条件は、ロックを「学者」としての自己意識にみちびいた条件としてはあくまでも外在的な要因であった。そこには、より切実な精神の内面的なドラマがあったからである。

オックスフォード時代のロックには、一つの顕著な特質がみとめられる。それは、彼が、神への信頼と人間への不信との間を生きていたことにほかならない。たとえば、ロックは、一六五九年に、父親宛ての手紙で、「すべての事象を統御し、われわれのカオスを制御して、そのなかからわれわれにとって最善であり、われわれがそれに黙従《もくじゅう》しなければならないものを引きだしてくれ」る「神の手」への絶対的な信頼と対照しながら、次のように述べている。「私は、これまで、長い間、人間に信頼を置かないことを学び知らされてきました」。

ロックのうちに、そうした人間への不信を育んだ要因は二つあった。一つは、再度の内戦への危険をはらんで揺れ動く王政復古前夜における同時代人の動向であった。ロックは、この時期、彼らが、「戦争と流血との妖精」にとりつかれて「戦火と剣と破壊」以外のものを「夢想しな」い「狂気の世界」をつくりだしているとして、「理性的被造物」からほど遠い同時代人への不信と絶望感とをつのらせていったからである。

しかし、ロックには、より個人的なレベルで人間への不信をかきたてる第二の要因があった。それは、ポファムの保護に支えられて生きて来た他者依存的な生き方にひそんでいた危うさが現実化したことである。

ポファムは、王政復古へと向かう時代の波に翻弄《ほんろう》される議会派の政治家として、ロックへの安定した保護を可能にする政治的影響力をいつ失ってもおかしくない立場にあった。事実、ポファムが国王派による反乱の陰謀《いんぼう》に巻き込まれることによってその危険性が現実のものとなったとき、父親からそれを伝えられたロックは、一六五八年の四月、父親に次のような激しい手紙を書き送っている。

「私は、あなたの知らせが、私の確信と信念とに矛盾し、私を驚愕《きょうがく》させたこと、そして、私をいかなる人間にも結びつけないようにさせたことを告白しなければなりません。私は、人間を愛と尊敬とに値《あたい》せず、まったく信頼することができない被造物の群れとみなすところまで来てしまいました。……あなたの手紙は、私に、今後注意すべきこととして、空虚な保護者への依存を撤回すること……を教えてくれるでしょう」。

このように、ポファムとの保護関係が政治的な「突然の事情変更」によって断ち切られる事態に直面したことから、ロックの精神は、人間を「まったく信頼することができない被造物の群れ」とみなす地点へと反転していったのである。これは、ロックにとって、それまで依拠して生きてきた「確信と信念と」を動揺させ、他者との相互性における自己の存在の意味への実存的な不安感を覚えさせるような深刻な事態であった。

愛の絆から、神の摂理との一体化へ

しかし、人間への不信が頂点に達した一六五八、九年ころのロックが、人間への信頼を回復しようとする努力を放棄したわけではない。それは、この時期以降急増する女性宛ての書簡が示唆するように、愛による女性との精神的な一体化をもとめることによってであった。

複数の女性に向けて書き送った書簡のなかで、ロックは、たとえば、「この世界でもし貴女にお会いすることがなかったならば、私はこの世界への行程、そこにおいて踏《ふ》むべき道を見失うほかなかったでしょう」と告白している。また、相手の愛が、「癒されも慰められもしないような悲惨な境遇に運命づけられた状態のなかにいると考えていた」自分を「生き返らせた」というのもロックの言葉であった。こうした文面からうかがうことができるのは、女性との間に愛の絆《きずな》を築くことによって自己の存在の意味を再確認しようとするロックの意志にほかならない。

しかし、ロックのその切実な意志が報われることはなかった。相手との愛による一体化を強く希求するロックと女性たちとの距離が、最後まで埋められないまま残りつづけたからである。そこには、自分が優れた「知識人」としてのロックにふさわしい存在であるかどうかを訝《いぶか》る相手の躊躇《ちゅうちょ》があった。また、手紙からは、「炎」のような愛の燃焼をもとめるロックとの関係を友愛にとどめようとする相手の微妙な思惑もうかがわれる。さらには、明言されてはいないものの、貴族の出でもなく、将来像も不安定なロックと自らとを決定的に結びつけることへの相手の不安感も、おそらく、ロックの願いがかなわなかった原因の一つであった。

このように、女性との間に愛と信頼とにもとづく関係を築こうとする試みが徒労におわったとき、ロックにとって、「自己を喪失する」実存的な危機を克服する方途は、もはや、ただ一つしか残されていなかった。それは、自己の存在の意味を、自らに、何者かになりうる資質を配剤《はいざい》してくれた「神の摂理」との自己同一化によって確証する途《みち》にほかならない。人間に「最善のもの」をあたえてくれる「神の手」の存在を信じるロックにとって、自己の存在の意味を再確認する可能性は、自分に何かたしかなものを配分してくれた「神の摂理」への無条件の信頼以外のものにもとめうるはずはなかったからである。しかも、その信頼はロックを思想家へとみちびくことになった。

思想家の誕生

ロックは、「神の摂理」によって自らに配剤されたものが何であるかをきわめて明確に自覚していた。それは、端的に、「思考する頭脳と何ものかを生みだす手と勤勉さと」であった。

人間に対する不信から「神の摂理」への信仰へと至ったロックがこの自覚に達したとき、それは、端的に、次のことを告げるものであった。すなわち、ロックが、神によって自らにあたえられた資質を生かして、思考し、研究する「学者」として生きようとする自己同定的な意識を確立したことにほかならない。それはまた、ロックが思想家としてのアイデンティティを身につけたことを示すものでもあった。

思想家としてのロックの誕生を意味するその時期は、一六六〇年末ごろのことであった。その当時、ロックは、父親宛てに、「私は、私をこのような地点にまでみちびいてくれた神の摂理を信じないわけにはいきません」という言葉とともに、思考し、研究する存在として生きる決意を書き送っているからである。

事実、彼はその決意を翻《ひるがえ》さなかった。ロックは、一六六〇年以降、彼の言葉を借りると「世界の悪に対する自己武装」として、時代の課題に立ち向かう思想活動を積極的に開始したからである。たとえば、一六六〇年から六二年にかけて執筆された二編の論稿からなる『世俗権力二論』、一六六三年から六四年にかけて書きおろされた『自然法論』はその成果であった。

このように、ロックが思想家としてのアイデンティティを獲得したのは、「神の摂理」との自己同一化によってであった。この点に関連して注意すべきことが二つある。

一つは、ロックにとって、「学者」への道の選択が神による「召命」＝「職業」の意識に根ざすものであったことである。したがって、ロックの場合、「学者」としての生をつらぬくことは神に対して負った職業「労働」の「義務」をはたすことを意味していた。ロックは、若くして身につけたピューリタンの精神態度に忠実に、「各人は、摂理がその人間のうちに定めた仕方にしたがって全力をつくして公共善のために労働すべく義務づけられており、そうしないかぎり、何人も食する権利を持たない」と考えていたからである。

注意すべきもう一つの点は、ロックにおける思想家としての自己同定的意識の形成過程が、キリスト教信仰の再確立の過程でもあったことである。

たしかに、ロックは家庭教育のなかでキリスト教信仰を自明のものとしてきた。しかし、それはまだ十分な自覚にもとづいてのことではなかった。そうしたロックが、「神の摂理」との一体化によって思想家としての自己意識に達したとすれば、それは、ロックが、自らに「最善のもの」を配剤してくれた「神の手」への絶対的な信仰に立って生きることを主体的に選択したことを示すものであった。その意味で、若きロックにおいて、思想家になる過程は、あらためてクリスチャンになる過程でもあったのである。

以上のように、「神の摂理」との一体化に由来する思想家としての自己同定的意識に立っていくつかの論稿を執筆した直後、ロックに大きな運命の転機が訪れた。ある偶然から、ロックは、オックスフォードを去ってロンドンに移住することになったからである。それによって、ロックの人生は、思索や研究に打ち込むことを許す静穏な地での生活から、時代の波に直接的にさらされ、それに翻弄される生活へと劇的に変化することになった。

第3節　試練と栄光

アシュリーとの出会い――壮年期

一六六六年、すでに思想家として生きることを決意していたロックに人生のあらたな段階がめぐってきた。しかし、ロックをそこへとみちびいたのは、思想それ自体ではなく、まったくの偶然であった。

それは、医学研究上のある友人の紹介によって、たまたまオックスフォードを訪れたアシュリー卿と出会ったことである。ロックと意気投合したアシュリーは、ロックが医師免許をあたえられていたこともあって、侍医としてロンドンの自邸エクセター・ハウスに移ることをもとめた。

ロックがアシュリーのその要請をうけいれた一六六七年以降、彼の人生の第三段階にあたる壮年期が始まることになった。その期間は、ロックがオランダに亡命した一六八三年をはさんで前期と後期とにわけることができる。

ロックにとって、壮年前期は二つの側面を持っていた。

一つは、彼が、アシュリー邸で開かれる知識人の定期的な集まりに参加して、さまざまな主題についての学問的知見を広げる機会に恵まれたことである。その知識人のなかには、やがてロックと同様にR・フィルマーの家父長権論批判の急先鋒となる文筆家のJ・ティレル、疫病《えきびょう》治療の第一人者であり、真の知識は「経験と観察と」から生まれると考えるT・シドナムらがいた。ロックが、一六七〇年あるいはその翌年のある時期に、人間の認識能力の吟味を主題とする『人間知性論』を書くきっかけをあたえられたのも、彼らとの会合における議論を通してであった。

壮年前期におけるロックの人生にはもう一つの側面があった。それは、いうまでもなく、チャールズ二世の宮廷における大物政治家であり、のちに議会派のリーダーとして反国王の立場に転じたアシュリーの政治的浮沈とともに歩むことを強いられたことである。

ロックと出会ったころのアシュリーは、むしろ親国王の立場に立っていた。たとえば、彼は、

「ピューリタン革命」以降フランスに亡命してカトリックに帰依していたチャールズ二世が、王政復古後に強まったイングランド国教会による非寛容を嫌って信仰の自由を宣言した政策を支持した。ロックも、アシュリーの立場を擁護する意図をもって、一六六七年に、宗教的迫害を批判し、非国教徒への包容政策をもとめる『寛容論』を執筆している。

また、アシュリーは、海洋貿易の覇権をめぐる対オランダ戦争に際してフランスに接近した国王の政策を支持した。アシュリーが、一六七二年に、チャールズ二世によってシャフツベリ伯に叙せられ、また大法官に任じられたのは、そうした親国王的な立場のためであった。それをうけて、ロックも、シャフツベリが主導する「聖職推薦局」や「交易植民評議会」に書記として服務している。

危機のなかで

しかし、一六七三年、シャフツベリにとって、したがってロックにとっても人生の暗転が訪れることになった。そのきっかけは、シャフツベリが、チャールズ二世が一六七〇年にフランスとの間でひそかに結んでいた「ドーバーの密約」の危険性を察知《さっち》したことであった。そこには、イングランドをフランスの属国にしかねない条項がふくまれていたからである。チャールズによるカトリック帰依の公表の見返りにフランスが財政援助をあたえること、対オランダ戦争の開戦時期の決定をルイ一四世の専決事項にすることといった条項が、そうしたものであった。

それに危機感を覚えたシャフツベリは反国王の立場に転じ、すべての公職を解任されたあとは、議会派のリーダーとして国王権力に対抗する組織的な運動を開始した。ロックも、シャフツベリ派による反国王運動の綱領《こうりょう》を記したパンフレット『田舎の友人に対するある高貴な人士の手紙』の草稿を書くことで、その運動の一翼をになうことになった。

しかし、ロックは、そうしたなか、一六七五年、悪化した持病の喘息《ぜんそく》の静養のためにフランスに渡った。モンペリエ、そしてパリに滞在したその旅には、シャフツベリの依頼によって彼の同志であったバンクス卿の息子の大陸旅行につきそうという目的もふくまれていた。こうした大陸旅行は、当時、貴族の間で子弟の教育のためのグランド・ツアーとして流行していたものであった。

ロックにとって、この旅は、体調の回復につながっただけではなく、さらに大きな意味を持つことになった。彼は、それによって、政争を離れて自由に研究に打ちこむ機会をあたえられたからである。その最大の成果は、人間の知性に関する従来からの思索を深めることができたことであった。また、ロックが、P・ニコルの『道徳論集』の一部、たとえば神の存在や人間の弱さに関する部分の英訳を試みたのも、このフランス滞在中のことであった。このニコルという人物は、パスカルの友人であり、無力な人間の救済を神の恩寵《おんちょう》に委ねるジャンセニスムと呼ばれるキリスト教思想を代表する一人でもあった。しかし、このように研究の機会に恵まれたフランスから一六七九年に帰国したロックには過酷な運命が待っていた。

亡命へ

ロックが帰国したころ、シャフツベリ派と国王派との闘争は激しさを増していた。国王の権威に制限を課し、下院の権利を防衛し、チャールズ二世の弟でカトリックのジェイムズを王位継承権者から排除することをめざすシャフツベリ派と、その運動を大逆罪とみなす国王派との対立が内戦寸前にまで高まっていたからである。

「王位排斥問題をめぐる危機」と呼ばれるこの状況のなかで、シャフツベリは逮捕と処刑を恐れて一六八二年にオランダに亡命し、翌年、アムステルダムで客死する。そのあと、チャールズ二世と弟のジェイムズとを誘拐しようとしたライ・ハウス陰謀事件の失敗をうけて、シャフツベリ派は壊滅《かいめつ》へと追い込まれていった。シャフツベリ派の中心人物のうち、A・シドニーとラッセル卿とは逮捕されて処刑、エセックス伯は逮捕後に自殺という過酷な運命に見舞われたからである。

こうした事態は、シャフツベリの腹心であったロックにとっても危機的であった。事実、ロックは、一六八三年の夏には、国王政府の厳しい監視をうけていた。しかも、ロックは、逮捕され、処罰されてもおかしくない危険をかかえていた。それは、ロックが、そのころに、国王権力の絶対性を主張し、国王派のバイブルとなっていたフィルマーの著作を徹底的に批判した『統治二論』の原稿を隠し持っていたことであった。シドニーが大逆罪の嫌疑をかけられた理由のうちには、フィルマーを論駁《ろんばく》し、死後に『統治論』として出版されたものの草稿を所持していたこともふくまれていたからである。

こうした状況下で身の危険を察知したロックは、一六八三年の九月にオランダに逃れ、長い亡命生活に入った。しかし、それは、思想家ロックにとってもっとも豊かな知的成果をあげた壮年後期の始まりでもあった。

亡命生活がもたらした知的成果

ロックは、イングランド政府の追及を免れるため、オランダでの亡命生活をユトレヒト、アムステルダム、ロッテルダムを転々としながら過ごした。それは、偽名を使うことを強いられるなど気が休まることのない生活であった。しかし、それも、イングランド政府に引き渡される危険がほぼ去った一六八五年以降は、少しずつ平穏なものに変わっていった。

それとともに、ロックは、多くの友人や優れた知識人と交流し、また、思想家としての本来の仕事である思索と研究とに専念する時間を手にすることになった。事実、この亡命生活は、ロックに、彼の名を不朽のものにすることになる二つの大きな知的果実をもたらすことになった。

その一つは、一六八七年ころに、『人間知性論』の脱稿《だっこう》にこぎつけることができたことである。これは、アシュリー邸における友人との討論に触発《しょくはつ》されて始められたロックの長い思索が、哲学上の主著として結実したことを意味するものであった。しかも、ロックは、一六八八年一月にそのフランス語訳の摘要を『万国歴史文献』誌の第八号に発表した。これは、思想家としてのロックにとって、自国でのデビューに先立つヨーロッパの学界への華やかな登場であった。

亡命生活がロックにもたらしたもう一つの重要な果実がある。それは、一六八五年に書き上げられた『寛容についての手紙』であった。この作品は、友人としてロックの亡命生活を献身的に支えたP・ファン・リンボルクの依頼に応じて執筆したものである。

その背景には、アルミニウス派の名で呼ばれた穏健なカルヴァン派に属する神学者であったリンボルク自身が深刻な寛容問題をかかえていたことがあった。当時のオランダでは、カルヴァンの予定説を絶対視する厳格なゴマルス派が、総督オレンジ家と組んで、共和派に支持をあおぎ、人間の自由意志を広く許容するレモンストラント派を排斥する動きが強まっていたからである。

こうした状況のなかで、リンボルクはロックに助言をもとめた。それに応じて、かねてから寛容問題に関心を寄せていたロックが書き上げたのが『寛容についての手紙』であった。

反カトリックの気運と「名誉革命」

ロックにこのような知的成果をもたらしたこの時期、ヨーロッパ大陸においても、また、イングランドにおいても、カトリックに対するプロテスタントの警戒心が極度に高まっていた。

まず大陸において反カトリックの気運を加速させたのは、絶対王政下にあったカトリックの最強国フランスのルイ一四世が、一六八五年にナントの勅令を廃止したことであった。一五九八年にアンリ四世がユグノーの名で呼ばれたカルヴァン派に信仰の自由をみとめたこの勅令の廃止は、フランスがユグノーの根絶をめざす政策を再開したことを意味するものであった。

それに対するごく自然な反応として、カルヴァン派が圧倒的に多いオランダを中心に、フランスによる侵略への恐怖と反カトリックの感情とが急速に広がっていった。ロックの『寛容についての手紙』は、それが英語ではなくラテン語で書かれたことが示唆するように、そうした大陸の状況への応答の意味を持っていた。

イングランドにおいても、政界およびイングランド国教会をふくむ宗教界全体に反カトリックの気運が強まっていた。それは、一六八五年にチャールズ二世が死去したのをうけて王位を継いだジェイムズ二世がカトリック化政策を強力に推進したことへの危機感に起因するものであった。

しかも、大陸における反フランス、反カトリックの気運とイングランドにおけるそれとは連動した。その背景にあったのは、当時、議会派から「ならず者」の意味でトーリーと呼ばれた王党派と、その王党派から「謀反人」の意味をこめてウイッグと称された議会派との間に一種の同盟関係が形成されたことである。

それを可能にしたのは、王党派がナショナルな感情にもとづいて態度を変えたことであった。かつての「王位排斥問題をめぐる危機」のなかで、王党派はチャールズ二世を支持していた。しかし、その王党派も、ジェイムズ二世のカトリック化政策はイングランドをフランスの支配下に置くものだとする観点から、議会派と同様に、反国王側に転じたのである。

その結果、両派が、一六八八年、オランダから、オレンジ家のウイリアムと妻のメアリとを共同統治者として迎え入れることに同意し、ジェイムズ二世をフランスへと追いやることになった。いうまでもなく、これが、トーリーとウイッグとがともにフランスへの政治的、宗教的な従属を嫌うナショナルな観点に立ったことで流血なしに行われ、それによって「名誉」の名を冠せられることになった革命であった。

しかも、この革命は、無血で行われたということのほかに、二つの理由から多くのイングランド国民に歓迎された。一つは、ウイリアムがフランスに唯一対抗しうるプロテスタントの盟主と目されており、また、メアリがイングランド王家出身であった点で、イングランド国民が両者をうけいれやすかったことである。

もう一つの理由は、とくにウイリアムの側に、自らがイングランドの統治者になることをオランダによるイングランド征服と感じさせないようにふるまう政治的な賢明さがあったことにほかならない。たとえば、ウイリアムが、イングランドに上陸してロンドンまで進軍するにあたって先頭にイングランド兵を配備したことは、その象徴であった。

晩年期――三つの代表作の出版

ロックは、以上のような背景の下で成功裡《せいこうり》に行われた一六八八年の革命の翌年二月、メアリにしたがって帰国し、五年半にわたるオランダでの長い亡命生活を終えることになった。それとともに、ロックの人生も第四の段階にあたる晩年期にさしかかることになる。

晩年期のロックは、主として二つの仕事に従事した。一つは、「名誉革命」体制への参画者としてのそれであり、もう一つは思想家としてのそれであった。前者については、たとえば、ウイリアムの下で新設された「商務省」への服務、貨幣制度の再編や信用制度の確立のための政治家への助言といった仕事が数えられる。しかし、これらは、全体としてみるかぎり、地味で舞台裏でのものにとどまった。それに比べて、思想家としてのロックの活動には、華々しいものがあった。

ロックがイングランドに帰国した一六八九年、彼の三つの代表作がたてつづけに公刊された。まず、『寛容についての手紙』のラテン語版が四月にオランダのハウダで、W・ポップル訳によるその英語版が一〇月にロンドンで出版された。さらに、同年の終わりには『統治二論』と『人間知性論』とがともにロンドンで発売されたのである。このうち、『寛容についての手紙』と『統治二論』とは批判をおそれて匿名で出版された。

それに対して、『人間知性論』には、政治的な主題を扱っていないこともあって、表紙にロックの名が記されていた。著者名を付した『人間知性論』で自国での堂々たる思想的デビューをはたしたロックを待っていたのは、哲学者としての高い評価であり、「世界でもっとも偉大な人物」と評されるほどの圧倒的な名声であった。

しかし、著書を出版することは、当然、それへの代価として批判をまねく危険性を秘めている。事実、ロック自身が恐れていたように、彼の英語版『寛容についての手紙』は、一六九〇年、イングランド国教会の聖職者J・プロースト による批判をうけることになった。

政治権力による「魂の救済」への関与を原理的に否定したロックに対して、プローストは、政治権力が「間接的に、距離をとって」信仰を強制することは有効であるとする視点から執拗《しつよう》な批判をつづけた。それに対して、ロックも、死後出版のものもふくめて、「迫害」の「愚かしさ」を強調しつつ三つの反批判書を執筆し、匿名で公刊した。

三つの仕事

プローストへの第一批判を出版した翌年の一六九一年、ロックは、ロンドンからエセックス州のオーツにあるマシャム家に居を移した。以後、ロックは、健康を気づかって転居を強くすすめた夫人のダマリスに温かく見守られながら、プローストへの応答のほかにも、思想家としての仕事を精力的につづけた。それは以下のようなものであった。

第一の仕事は、『教育についての若干の考察』を公刊したことであった。ロックのほかの著作と同じように、この作品も一六九三年に世にでるまでに長い歴史を持っていた。その原型は、ロックがオランダ亡命中に、サマセット州のジェントリーで、遠縁にあたるE・クラークとその妻とに対して書き送った彼らの息子の教育に関する忠告の書簡であったからである。子どもの知的、道徳的な成長に必要な規律について論じたこの作品は、わかりやすさもあって版を重ね、ロックの著作のなかでは『人間知性論』に次いでよく読まれることになった。

オーツに移ってからのロックの第二の仕事は、既発表の自著に徹底的な修正や補訂《ほてい》を加える作業であった。『統治二論』に修正を重ねて一六九四年に第二版を、九八年に第三版を刊行し、また、一六九四年に出版された第二版以降第五版までのそれぞれについて『人間知性論』の四つの増補版を作成した仕事がそれにあたる。

晩年のロックには、『人間知性論』に補訂を行ってそれを完成させようとする努力とほぼ並《へい》行《こう》して取り組んだ第三の知的作業があった。聖書解釈を通してキリスト教とは何かを理解しようとする仕事がそれである。その結実が、晩年のロックにおけるもっとも重要な作品であり、一六九五年に著者名を付すことなくロンドンで出版された『キリスト教の合理性』であった。キリスト教が理性とは矛盾しないことを説くこの作品も、『寛容についての手紙』の場合と同じように、聖職者からの批判にさらされた。先陣を切ったのは、イングランド国教会の聖職者で伝統的な神学を信奉するJ・エドワーズであった。

その批判の要点は、『キリスト教の合理性』が、一六世紀のイタリアで始まり、イングランドではユニテリアン派と呼ばれる人々によって信奉《しんぽう》されていたソッツィーニ主義の書であるということにあった。当時の伝統神学においては、このソッツィーニ主義という言葉は、三位一体論、すなわち、神・イエス・精霊の一体性を否定する異端の代名詞とされていた。ロックは、この批判に対して、二つの『弁明』を匿名で出版し、自説の擁護に努めている。

さらに、ロックをソッツィーニ主義者として批判するより強力な、しかも宿敵《しゅくてき》ともいえる論敵がいた。それは、ロックが、かつて、「王位排斥問題をめぐる危機」のさなか、友人のティレルとともに、宗教的寛容への敵対者として非難したイングランド国教会のウスター主教、E・スティリングフリートである。

このスティリングフリートは、『人間知性論』を批判対象とした点でロックには厄介《やっかい》な敵であった。その理由は二つある。一つは、ロックにとって、『人間知性論』は自分が書いたものではないとして逃げようがなかったことであった。それには、ロックの名が明確に付されていたからである。

もう一つは、『人間知性論』が、あらゆる観念の生得性を否定している点で、神や精霊の観念が経験に先立って実在することを前提とする三位一体論とは親和しない側面を持っていたことであった。ロックが、スティリングフリートに対しても反論を公刊し、自分の信仰がソッツィーニ主義とは無縁であることを主張したことはいうまでもない。

新約聖書の註釈——最後の仕事

晩年のロックが行った第四の、そして最後の重要な仕事は、新約聖書における一連の手紙に詳細な註釈を加える作業であった。ロックにとって、これは、ある意味で、『キリスト教の合理性』の延長線上に位置する仕事であった。ロックは、『キリスト教の合理性』の主要な素材を『福音書』と『使徒行伝』とにとったことで、新約聖書に多くふくまれる書簡形式の作品群への配慮が不十分なものになったことを自覚していたからである。

そこから、ロックは、聖書においてパウロのものとされている手紙のうち、『ガラテア人への手紙』、『コリント人への手紙』、『ローマ人への手紙』、『エフェソ人への手紙』に関する註釈に精力的に取り組み、一七〇四年の春ごろに完成した。これが、『パウロ書簡註釈』としてロンドンで死後出版されたロックの文字通り最後の仕事であった。

このように、ロックは、喘息の持病や肺の疾患をかかえていたにもかかわらず、オーツに落ち着いてからも、研究と思索と執筆とに明け暮れてきた。ロックにとって、それは、神による「召命」の意識にもとづく「学者」としての労働義務をひたすらに実践する日々であった。しかし、その無理がたたって、一七〇四年の夏過ぎにロックの健康状態は急速に悪化し、同年の一〇月二八日に死去した。七二年間にわたる波乱に富んだ人生であった。

死に臨んで、ロックが、最後まで親身になって身のまわりの世話をしたマシャム夫人に残したのは次のような言葉であった。

「私は十分に長く生きた。そして、幸福な人生を享受できたことを神に感謝する。しかし、結局のところ、この人生というものは空虚以外の何ものでもない」。

死が近いことを自覚しつつあった時期のロックについて、みおとすことのできない二つの事実がある。

一つは、ロックが、遺言のなかで、オックスフォードのボードリアン図書館から自著の寄贈をもとめられたのに応諾《おうだく》する形で、自らが次の作品の著者であることを初めてみとめたことである。すなわち、それは、三つの『寛容についての手紙』、『統治二論』、『キリスト教の合理性』とその二つの『弁明』とであった。これによって、後世は、ロック自身の承認の下に、ロックが書いた正式なテキストをすべて手にすることになり、そうしたテキストに依拠してロックの思想を描くことができることになったのである。

死を前にしたロックについて指摘すべき第二の事実は、彼が、思想家として執筆してきた著作の意味を自ら語ったことである。それを示すのは、ロック自身が作成し、オーツが属する村ハイ・レイヴァーのオール・セインツ教会の墓地に残る墓碑《ぼひ》に刻まれた次のような言葉であった。

「旅人よ、ここにとどまれ。この近くにジョン・ロックが横たわっている。……学者としての訓練をうけた者として、彼は、その研究のすべてを真理の追究にささげた。それを、あなた方は彼の著作から知ることができるであろう。その著作は、また、墓碑銘の疑わしい頌徳《しょうとく》の言葉よりもはるかに正確に、彼自身について何か語られるべきことをあなた方に告げるであろう」。

この言葉が強く示唆するように、思索し、研究し、著述することにアイデンティティを持ちつづけて生きた思想家としてのロックにとって、内的思考を著作へと表出する行為は、思索しつつ存在する自己が何者であるかを表現することにほかならなかった。それは、また、時間を追って書かれたロックの著作群が、全体として、ロックが自己表現としての思想世界を築いていった歴史それ自体を構成するものであったことを示している。

こうして、われわれも、ようやく、著作の理解を通してロックの思想がたどったその歴史を読み解く地点に達したことになる。次章では、その複雑な歴史を分析しつつ、ロックの思想の根底にあってそれに統一性や自己同一性をあたえたものを探りあてるための方法の問題について考えることにしたい。

第二章　思想世界の解読——方法の問題

第1節　思想の複雑性

単純化されたロック像をこえて

思想家が考えたことについて、複雑性を指摘したり、複雑さの程度を比べたりすることは無意味なようにみえるかもしれない。どんな思想にも、それに固有の複雑性があるからである。たとえば、ヘーゲルの三項的な弁証法哲学は、精神と物体との二元論に立つデカルト哲学よりも複雑であるとみなすことは無意味に近い。

しかし、その思想を、相対的に簡明《かんめい》な意図や枠組みに照らして統一的に理解することができる思想家がいないわけではない。例をロックの同時代人のうちにもとめるとすれば、スピノザはそうした思想家の一人であった。

スピノザは、「学問の唯一の目的」を「神即自然」の認識による「人間としての最高完全性への到達」に定めていた。したがって、『エチカ』に代表される倫理学と、『神学政治論』・『政治論』に示された政治学とからなるスピノザの学問体系は、全体として、その単一の目的に関連づけられていたと考えるほかはない。

事実、「知性改善」による「神即自然」の認識への道をあとづけた倫理学だけではなく、政治学の意図もまた、その目的の実現に向けられていた。スピノザの政治学は、「可能なかぎり多くの人間が、可能なかぎり容易かつ確実に、この(神即自然の認識という——引用者)目的に到達するのに都合のよい社会」を構想したものであったからである。

その意味で、スピノザの学問体系は、「神即自然」の認識による人間の完成という簡潔《かんけつ》で一義的な目的によって統合されていたといってよい。

こうしたスピノザの例は、思考活動をつらぬく明確な意図や目的に照らして、その思想を統一的に解釈することが可能な思想家がいることを示している。そのような思想家を、仮に、そして価値判断を加えずに「単純な」思想家と呼ぶとすれば、ロックは、いかなる意味でも「単純な」思想家ではなかった。

それは、彼の思想が、驚くほど多種多様な主題を扱っていることに注目するだけでも容易に理解できるであろう。その事実は、ロックの思想世界が、単純な公式や原理による裁断《さいだん》を許さない多面的で入り組んだ性格を帯びていることを暗示しているからである。その点で、ロックの思想のもっとも重要な特質の一つは、それを単一の枠組みによって説明しようとする試みを失敗へとみちびかずにはおかない複雑性にあった。

そうした失敗を示す例として、ロックの思想が後代にあたえた影響から逆照射してロック像を描いてきた従来の試みをあげることができる。その失敗を運命づけたのは、次のような方法的欠陥であった。

前にも述べたように、これまでの研究史においては、ロックの思想が一八世紀以降にあたえた決定的な影響を重視してロック像を描く傾向が強かった。たとえば、啓蒙の哲学者、政治的自由主義の使徒、「所有的個人主義」の弁証者といったおなじみのロック像は、いずれも、そうした傾向から生みだされたものであった。たしかに、ロックの思想にこうした解釈を可能にする側面があったことは否定できない。後述するように、ロックは、人間を理性的存在と規定し、政治権力の統制範囲が限界を持つことを強調し、私有財産の根拠を各人の労働にもとめたからである。

しかし、後世への影響から逆算してロック像を描く傾向には、あきらかに、ロックの実像への接近をさまたげる方法上の欠陥がある。それが、ロックの思想の多様な側面をきりすてて、それを単純化してしまう結果を招くことにほかならない。そこでは、後世に影響をあたえた側面だけにロックの思想を説明する単一の原理としての位置があたえられ、それ以外の側面は無視あるいは軽視されてしまうからである。

その意味で、影響力の側面に力点を置いてロック像をむすぶ傾向には、多面的なロックの思想を過度に単純化することで実像とはかけ離れたロック像をみちびいてしまう方法上の問題があるといってよい。

ロックの思想に走る亀裂

このように、ロックの思想が単純な公式によって割り切ることができない複雑な特質を持っていたとすれば、その複雑性を処理し、ロックの思想の実像をつきとめるためにはどうすればよいのだろうか。その方法を探るために、まず、ロックの思想の複雑性とはどのようなものであったかを考察し、その上で、複雑なロックの思想を読み解くのに必要な手順を示すことにしたい。

なお、そうした問題を扱う本章の記述に関連して次の点をことわっておきたい。それは、本章が、ロックの思想世界全体の見取り図にふれざるをえないことから、次章以下でとりあげるべき論点を先取りすることが少なからずあることである。

学問の分化は、スコラ神学が万学の女王であった中世にはほとんどみられなかったという意味で近代的な現象であった。それを示す典型例はカントであった。彼は、上下関係をめぐって大学内に生じた「諸学部の争い」の無益性を論じるなかで、神学、法学、医学、哲学はそれぞれ独自の目的を持つ独立した学問であり、それらの間に上級、下級の差はないとしたからである。

ロックは、学問の分化を自明視するそうした近代的な傾向を推進した思想家の早い例であった。直接的な主題を異にする多様な学問領域に取り組んだ点で、彼は、人間の文化的な営みの一つ一つについて固有の論理や構造を追究しようとした近代的な学問の先駆者のひとりに数えることができるからである。

しかし、他方で、ロックのそうした近代性は、ロックの思想に対して複雑性の第一の位相《いそう》をもたらすことにもなった。それは、理論領域と理論領域との間の両立性や無矛盾性を論証することの難しさにほかならない。その典型的な例を二つあげることができる。

第一の例は、『人間知性論』における認識論と『統治二論』で展開された政治学との間にみられる亀裂《きれつ》にもとめられる。たとえば、前者は、人間に規範を課する「実践的原理」の経験に先立つ生得性や実在性を否定した。それとは異なって、後者は、「神の意志」としての自然法が先験的な所与として人間に内在していることを理論の前提に置いていた。

こうした亀裂をはらんでいるかぎり、ロックの二大理論領域である認識論と政治学との両立性は、それをはじめから予断できるほど自明ではない。

両立性をみいだすことの困難さは、ロックの哲学的立場と神学的立場との間にもみとめられる。その具体例として、理性と啓示あるいは奇跡との関係をめぐるロックの「ジレンマ」と呼ばれるものをあげることができるであろう。

一方で、『人間知性論』におけるロックは、啓示や奇跡の真偽《しんぎ》の判定権を理性に委ねる哲学的視点に立っていた。しかし、他方で、『キリスト教の合理性』のロックは、啓示と奇跡とが超理性的な性格を持つことを信じる神学的立場を捨てなかったのである。このように、ロックにおける哲学と神学との間には、容易には架橋《かきょう》できない溝があるといわなければならない。

以上の例が示唆するように、ロックの場合、各理論領域間の両立性や無矛盾性を汲《く》むことは決して容易ではなく、それが彼の思想の複雑性の第一の位相をなしている。

変転する立論——認識論・道徳論・寛容論

しかし、ロックの思想の複雑性には、第一の位相よりもはるかに深刻な第二の位相があった。同一の理論領域内においてさえ、立場や立論《りつろん》の大きな変容や転化がみられることがそれである。

ロックは、たとえば、直観に頼って問題の本質に迫ろうとしたルソーのような思想家とは異なって、思索を一歩一歩積みあげていくタイプの思想家であった。そうした漸進的《ぜんしんてき》な思考態度が、ロックの思想にある手がたさをあたえたことは事実である。しかし、逆にそれは、ロックに、同一の主題を扱う理論領域の内部における立論の変転をくりかえさせる要因ともなった。その著しい例を、認識論、道徳哲学、寛容論の三つの領域のうちにみいだすことができる。

ロックが、その解決にもっとも長い努力を払ったのは、人間を真知にみちびくための認識論の問題であった。たしかに、『自然法論』から『人間知性論』に至るまでの二〇年以上にわたってつづけられたその探究の跡は、真にロック的な認識論が形成された苦闘の歴史と呼ばれるにふさわしい。しかし、他面において、それはまた、ロックの認識論的立場が、独断論から一種の不可知論へと大きな変化を遂げた過程でもあった。

初期の『自然法論』におけるロックは、感覚と理性との共働作用による「世界の構造」の直接的な認識可能性を信じていた。それに対して、『人間知性論』のロックは、初期の立場を「誤った」独断論として否定し、対象に関する観念以上にはおよびえない人間の経験的認識の有限性をみとめるに至った。『人間知性論』のロックが、「世界の構造」や「実体」に関する不可知論を表明したのはそのためである。

その意味で、視点の著しい転換がみられるロックの認識論は、統一的な理解がきわめて難しい領域であるといわなければならない。

次に、ロックが「宗教と人間の全義務とをふくむ」とした道徳哲学を、理論内に両立困難な主張がみられる領域としてあげることができる。その例として、まず、『自然法論』において主意主義的な唯名論(ノミナリズム)と主知主義的な実在論(リアリズム)との間で揺れ動いたロックの「ジレンマ」を指摘することができるであろう。

そこにおいて、ロックは、一方で、道徳の形式的な拘束力を神の超越的で個別的な意志にもとめ、人間の理性を推論能力とみなす唯名論に立っていた。しかし、他方で、ロックは、道徳の実質的な拘束力を内在的で普遍的な人間本性にみいだし、人間の知性を「徳の源泉」としての「正しい理性 recta ratio」へと実体化する実在論の立場をも捨てなかったのである。

また、道徳哲学における非一貫性のもう一つの典型例として、『人間知性論』にみられる合理的倫理学と経験的倫理学との共存をあげることができる。そこにおいて、ロックは、一方で、数学をモデルにしつつ、想定され、定義された道徳観念を結合することによって道徳的命題を演繹する合理的倫理学を主張した。

しかし、他方で、ロックは、経験的に自明な人間の生理的快苦に還元される「自然的善悪」を、「より大なる善悪」としての「救済と堕罪《だざい》」に対応する規範的な「道徳的善悪」へと拡張することによって、経験的倫理学の確立をもはかったのである。

このように、唯名論と実在論とが混在し、倫理学の異質な類型が併存《へいぞん》するロックの道徳哲学には、統一性を強く疑わせるものがあるといわなければならない。

第三に、ロックの寛容論についても同一の理論領域内における立論の変転をみてとることができる。それを象徴するのは、礼拝の場所や時間のように、神が聖書のなかで命じも禁じもしていない宗教的に「非本質的なことがら」に関する視点の変化であった。

初期の『世俗権力二論』におけるロックは、それに対する政治権力の絶対的な統制権をみとめて権威主義的立場に立っていた。しかし、その同じロックが、後期の『寛容についての手紙』では、「非本質的なことがら」についても個人や教会の政治権力からの自由を擁護するリベラルな立場へと姿勢を大きく変えたのである。ロックに一貫したリベラリズムをみる解釈が誤った神話として批判された理由もそこにあった。

以上、単一の原理による裁断を拒《こば》むロックの思想の複雑性を示すものとして、理論領域間に亀裂や非両立性がみられ、理論領域内に立論の変転や矛盾がみとめられる事実を例示してきた。ここから、ただちに深刻な問題が生じる。それは、亀裂や矛盾をふくむロックの複雑な思想に、はたして一貫性や自己同一性をみいだすことができるかどうかにほかならない。次に、ロックの思想世界を読み解く方法論を考える上で避けて通ることのできないこの問題について考察することにしたい。

第2節　思想の二つの系譜

構造的特質としての自己同一性

矛盾する主張や立場が混在する言説を展開した思想家について、その思想の統一性や自己同一性を想定することには常に危険がともなう。そこでは、論理的矛盾を思想の同一性を犠牲にしておかされた論理の飛躍ととらえ、立論の変化を原理的な立場の放棄とみなすほうが自然である場合が少なくないからである。

しかし、そうした解釈は、少なくともロックについてはあてはまらない。変容し、矛盾をふくみつつも、全体としては自己同一性を保ちつづけた点にロックの思索の構造的な特質があったからである。具体的な論証はのちに委ねるとしても、その点をうかがわせる事実をあらかじめ示すとすれば、それは次の二つにもとめられるであろう。

第一の事実は、ロックの思想における視座の転換や矛盾が必然的に生じたことである。すなわち、それらは、ロックが自らの根源的な思想的課題をいかなる代償を払っても解こうと努力するなかで不可避的にもたらされたものであった。その意味で、論理的な非一貫性や亀裂の存在がかえって思想の自己同一性を暗示するという逆説のうちに、ロックにおける発展する精神の謎を解く鍵がひそんでいるといってよい。

ロックの思想の自己同一性を推定させる第二の事実は、四〇年以上にわたるその多彩な知的遍歴が、終始、驚くほど限定された問題枠組みの内部でたどられたことである。この事実からも、変容しつつ自己同一性を維持したロックの精神の構造的な特質をうかがうことができるであろう。それは、矛盾や亀裂をはらみつつ展開されたロックの思想が、その一貫する問題枠組みのうちに自己同一性の根を深く下ろしていたことを示唆しているからである。

問題枠組みの原型

以上の二点に注意するかぎり、ロックの思想の自己同一性を探りあてるためには、次のような手順にそった分析が不可欠であるといってよい。まず、ロックの知的遍歴に一貫する問題枠組みを確定し、次に、そのなかでくりかえされた論理的矛盾や立論の転換の意味と必然性とをあきらかにする作業がそれである。

そうした作業の出発点は、ロックにおける思索の歴史の起点となった二つの作品のうちに、その後のロックを規定しつづけた問題枠組みの原型を探ることにもとめられる。

ロックが、「神の摂理」によって定められた「学者」としての自己意識をもって最初に執筆した作品は、『世俗権力二論』と『自然法論』とであった。しかし、ロックが三〇歳前後に執筆したこれらの作品は、まだ未成熟な学者の手になる習作の域をでるものではなかった。それは、次の二点からうかがうことができるであろう。

一つは、『世俗権力二論』において、政治権力の正統性の問題が論理的につきつめられていなかったことである。王権神授説と社会契約説との関係がいわば両論併記のままに残されていることは、それを示すものであった。もう一つは、『自然法論』における認識論が、素朴な独断論にとどまっており、人間の認識能力を吟味する認識「批判」の水準にはまだ達していなかったことである。

しかし、このように作品としての未熟さはあるものの、それらは、あきらかに、ロックにおける発展する精神の起点をなす作品であった。その理由は、ロックが、『世俗権力二論』と『自然法論』とを書くことによって、生涯にわたって取り組むべき独自の思想的課題に自覚的な思想家になったことにある。

事実、ロックのそれ以後の思想は、それら二作品において設定された問題枠組みの内部で展開されることになった。その点は、『世俗権力二論』と『自然法論』とをそれぞれの起点とするロックの精神の二つの系譜がたどった歴史に注目することによってあきらかになるであろう。

二つの系譜

思想を論じたどんな作品についても、作者が、その作品を書くに至った固有の問題関心がみとめられる。たとえば、ホッブスの『リヴァイアサン』の場合には、「内乱という悲惨な状態」に陥《おちい》ることのない政治社会はどのように構成され、どのような条件を備えなければならないかがそれであった。また、ルソーの『社会契約論』をつらぬく問題関心は、いかなる政治制度が文明のなかで堕落した人間を「有徳で叡知的な」存在へと再生させられるかに答えることであった。

こうした根本的な問題関心は、ロックの『世俗権力二論』についても指摘することができる。「宗教的なことがら」に対する「政治的統治」の統制はどこまで許されるかがそれであって、この問題関心が、ロックのその最初期の作品における多様な論点を統合する共通の枠組みであった。

『世俗権力二論』をつらぬく問題関心がこのようなものであったとすれば、その関心の延長線上に位置し、したがって、『世俗権力二論』に始まる一連の思想的系譜を構成するロックの作品をあげることができる。それは、『寛容論』、『統治二論』、『寛容についての手紙』の三つにほかならない。これらのうち、『寛容論』と『寛容についての手紙』とは、宗教に対する政治的統治の統制範囲を直接的な主題としている点で、『世俗権力二論』の問題関心にあきらかにつらなる作品であった。

また、『統治二論』についても、それを『世俗権力二論』を始点とする問題関心の系譜のうちに配置することは決して不当ではない。それは、フィルマーの王権神授説に対する批判を通して、政治と宗教とのあるべき関係を定めるための基準となる政治的統治の目的を、政治学の側から示した作品であったといえるからである。

その意味で、問題枠組みの連続性に注目するかぎり、『世俗権力二論』、『寛容論』、『統治二論』、『寛容についての手紙』は、書かれた歴史的文脈や直接的意図の違いにもかかわらず、ロックにおける発展する精神の一つの系譜を構成する作品群であった。

他方、ロックの思索には、政治＝寛容論の系譜と呼ぶことができる第一の系譜とは異なる歴史をたどったもう一つの系譜があった。認識＝道徳論の系譜と名づけることができるものがそれである。この系譜を構成するのは、『自然法論』、『人間知性論』、『キリスト教の合理性』の三作品にほかならない。

そういえる最大の理由は、これら三つの作品についても、基本的な問題関心の連続性をみとめることができることである。

のちに詳述《しょうじゅつ》するように、『人間知性論』の意図は、人間にとってもっとも切実な「道徳の原理と啓示宗教」をめぐる認識論的な混乱を解決することにあった。こうした問題関心は、ロックの最初の作品である『自然法論』をも、また、晩年のロックの代表作である『キリスト教の合理性』をもあきらかにつらぬいていた。『自然法論』の主要な関心は「宗教」をふくむ道徳の認識問題にあり、『キリスト教の合理性』の主題は、聖書が「理性の戒律」に一致する「完全な倫理の体系」をふくんでいることの論証に置かれていたからである。

このように、ロックの思索において、『自然法論』、『人間知性論』、『キリスト教の合理性』は、あきらかに一連の系譜をなしていた。

探究の発展と交錯

以上のように、ロックの思索の歴史には、問題関心の連続性や同質性で結ばれた政治＝寛容論の系譜と認識＝道徳論の系譜とがあった。そうであったとすれば、そこから、さらに次のような方法的操作が可能になるであろう。一方で、それぞれの系譜における探究の発展のあとを追跡し、他方で、両系譜の相関や交錯の関係を問うことがそれである。

しかも、これらの操作によってあきらかになる点が二つある。一つは、前に示唆したように、それぞれの系譜にみられる亀裂や立論の変転が、持続的な問題関心の枠組みの内部で必然的に生じたことにほかならない。そして、もう一つは、異なった系譜に属しながら、近い時点で書かれた作品と作品との間に交錯がみとめられることである。

『自然法論』、『人間知性論』、『キリスト教の合理性』の関係は第一の点を、『世俗権力二論』、『寛容論』、『人間知性論』、『統治二論』、『寛容についての手紙』の関係は第二の点を示す例である。

『人間知性論』の人間像とその帰結

第二の点からみていくことにしよう。前述したように、政治＝寛容論の系譜におけるロックについては、その基本的な立場の変更がみとめられる。それは、初期の権威主義的傾向から中・後期のリベラルな立場へのロックの転身とも評される変化であった。問題は、この転身をみちびいた理由が何であったかである。

その理由の一つは、ロックが現実政治の場に身を置いたことにあった。前にふれたように、ロックは、一六六七年以降、反国王闘争を推進するために、非国教徒への寛容や国王大権の制限をもとめたシャフツベリの政策を擁護する立場にあったからである。

しかし、とくに『統治二論』や『寛容についての手紙』以後のロックをリベラルな立場へと転身させたことには、より理論的な理由があった。そのうちでもっとも重要なものは、ロックが、それらの二つの作品を書く前に基本的な論点を確立し終えていた『人間知性論』の人間論、具体的には、自律的存在としての人間像の影響であった。

『人間知性論』が何らかの人間のモデルを想定していたとすれば、それは、あきらかに、自律的で主体的な個人であった。それが前提していたのは、神にあたえられた理性能力を実践的に用いて「自らの意見とそれにもとづく行動とを律する」ことができる自律的で主体的な個人像であったからである。

『人間知性論』が理論的に造型したこうした人間像は、『統治二論』と『寛容についての手紙』とにもつらぬかれて、それらにおけるリベラルな立場をみちびくことになった。

まず、『統治二論』の場合、それが理論の基礎に置いた人間のモデルは、生産労働を通して自己保存の手段を生みだしつつ生存への欲求を自ら充足する自律的で主体的な存在であった。ロックが「勤勉で理性的な人間」と呼んだそうした人間の自律性や主体性を象徴するものが、ロックによって「生命、健康、自由、資産」からなる「プロパティ property」と命名された人間の「固有権」であった。

しかも、こうした人間像は、『統治二論』におけるリベラルな視点をみちびかずにはおかなかった。人間が「固有権」の主体として自律しているとすれば、政治権力の目的も「固有権」の「保全」に必然的に限定されざるをえなかったからである。事情は、『寛容についての手紙』の場合にも同じであった。そこにおいてロックが寛容を主張したのは、人間の自律性と主体性とを前提にして信仰を各人の自己決定に委ねる宗教的個人主義の立場をとったことの論理的な帰結であったからである。

このように、政治＝寛容論の系譜においてロックが示したリベラルな立場への転身は、認識＝道徳論の系譜に属する『人間知性論』で哲学的に確立された人間像がもたらすべくしてもたらしたものであった。

しかも、その転身は、それが、不可避的な帰結であった以上、政治＝寛容論の系譜におけるロックの問題関心の一貫性を奪うものではなかった。認識＝道徳論との交錯による立場の変化も、思索の成果を総動員して宗教と政治的統治との関係に真の解決をあたえようとする持続的な問題関心の枠内で必然的に生じたものであったからである。

その意味で、ロックにおける政治＝寛容論の系譜は、立場の変容をふくみつつも一貫して問題枠組みの自己同一性を維持したといってよい。

認識論の成熟

しかし、立論の必然的な変転は政治＝寛容論の系譜においてだけ生じたわけではなかった。前述したように、それは、認識＝道徳論の系譜における探究の過程にもみられるからである。それは、先に第一の事例としてあげた関係、すなわち、『自然法論』、『人間知性論』、『キリスト教の合理性』の関係のうちにみいだすことができるであろう。「宗教」をふくむ道徳の認識＝論証問題を共通の枠組みとするロックの思想の認識＝道徳論の系譜には、いくつかの論理的な非一貫性がみられる。そのうちで、次の二つが典型的な例であるといってよい。

第一は、『自然法論』では「自然の光」による自然法の認識可能性を強調したロックが、『キリスト教の合理性』では理性による「完全な倫理」の論証を否定したことである。第二の例は、先にあげたように、『人間知性論』におけるロックが、合理的倫理学と経験的倫理学とを同時に論証しようとしたことであった。しかし、これらの非一貫性は、単なる偶然の所産ではなく、ロックの認識＝道徳論の系譜をつらぬく探求の途切れなき発展がもたらした避けがたい帰結であった。

まず、第一の例の不可避性をあきらかにするためには、『人間知性論』におけるロックの認識論の成熟に注目しなければならない。『人間知性論』のロックは、認識の対象を観念に限定する観念理論を徹底していった。その結果、ロックは、それについての観念を得られない自然法は理性の「知らない法」であり、理性はそれを直接認識することはできないとする不可知論へとみちびかれることになった。

しかし、他方で、ロックは、理性と啓示とがともに同一の自然法への通路であることを確信していた。したがって、そのロックが、「宗教と人間の全義務とをふくむ」道徳を認識し、論証する途を理性から啓示へと移行させることは必然的であったといってよい。その意味で、認識論の成熟に照らして理解するかぎり、『自然法論』における理性の立場から『キリスト教の合理性』における啓示の立場へのロックの視座の転換は、生じるべくして生じたものであった。

しかも、認識論的立場の成熟のほかに、認識＝道徳論の系譜におけるロックの非一貫性を不可避的にもたらしたもう一つの要因があった。それは、「人類一般に固有の学であり仕事である道徳」に確固とした認識論的基礎をあたえようとするロックの切実な意志にほかならない。ロックにとって、道徳哲学は「すべての人間の義務である高貴な学問」であった。そうであったとすれば、そのロックが、合理的倫理学と経験的倫理学とを同時に構想するといった矛盾をおかしてまでも、ひたすら真の道徳を確立しようとする努力をつづけることは当然であった。そこからは、いかなる対価をはらっても道徳の論証をはたそうとする認識＝道徳論の系譜におけるロックの根源的な問題関心の自己同一性をうかがうことができるであろう。

「個体化の原理」

以上、二つの位相を持つロックの思想の複雑性を処理するためには、次のような二段階にわたる方法が不可欠であることを示してきた。第一の段階は、問題枠組みの同質性に即してロックの思想を二つの系譜に大別することであった。そして、それぞれの系譜の自己展開と相互交渉とに照らして、ロックがおかした論理的な非一貫性や矛盾の必然性をあきらかにするという操作が第二の段階であった。こうした手順を踏まないかぎり、立論の変転や矛盾をくりかえしつつ、しかも、二つの問題枠組みの内部で自己同一性を維持しつづけたロックの思想の複雑性を読み解くことはできないことがその理由であった。

しかし、ロックの思想の全体像を把握するための方法がここで完結するわけではない。これまでの方法は、ロックの思想の複雑性にかかわる諸問題を理論的に処理するための手つづきにとどまっている点で、ロックが二つの思想系譜を生みだした特定の問題枠組みになぜ固執《こしつ》しつづけたかの理由そのものを説明できないからである。

しかも、そうした理由こそが、ロックの思想の基底にあって、それに独自の自己同一性をあたえたものであった。ロックも用いたスコラ哲学の伝統的な概念を使っていいかえれば、それは、多面的なロックの思想を個性的な同一性を持つロックの思想それ自体にした「個体化の原理」にほかならなかった。したがって、ロック解釈の方法をめぐる最後の問題として、ロックの思想をロックに独自のものにした「個体化の原理」そのものに光をあてておかなければならない。

第3節　「個体化の原理」あるいは精神の基層

不動の信条――スピノザとルソー

どの思想家についても、その思想に自己同一性をあたえた「個体化の原理」をつきとめることには困難がともなう。思想家は思想を大きく変えることが少なくなく、その変化をつらぬいて同一性を維持したものをみいだすことは容易ではないからである。それは、初期と後期とで思想に著しい対照がみられる思想家について一貫性の問題が常に問われてきた事実を考えてみるだけでも、すぐに理解できるであろう。たとえば、プラトンやフィヒテやマルクスはそうした思想家であった。

しかし、思想家の思想に自己同一性をあたえた「個体化の原理」をみつけだす比較的簡単で、しかも有効な途《みち》がないわけではない。それは、思想家が書いた作品群の批判的な解読を通して、思想家の思考が絶えずそこへと回帰《かいき》していく不動の信条や確信を探りあてる方法にほかならない。もし、そうしたものがあるとすれば、それこそが、思想家の精神の基層にあってその思想に同一性を保たせた「個体化の原理」であると考えられるからである。二つの例をあげておこう。

一つの例は、再びスピノザにもとめられる。よく知られているように、スピノザは、若くして、「恐るべき異端の説の持ち主」としてユダヤ教会から破門され、それにともなってユダヤ人共同体からも追放された。

スピノザの哲学体系の根底にあって、それに自己同一性をあたえる「個体化の原理」をもたらしたのは、この決定的な体験であった。それを通して、彼は、人間が普遍的な真理を手にするためには、共同体の権力からの哲学する自由の保障が不可欠であるという不動の信条を身につけ、それを、思索の原点にすえて作品を書いたからである。その場合、共同体とは政治社会と教会とであり、哲学する自由は、「神即自然」の認識による「最高善」への到達という学問の「唯一の目的」の達成を可能にする条件であった。

もう一つの例として、ルソーの場合をあげることができる。ルソーにあっては、放浪生活を通して直観的に身につけた確信が、その思想の「個体化の原理」であった。すなわち、人間が善良になるか邪悪になるかは社会制度によって決まるという確信がそれであった。人間を制度の関数とみなすこの確信が、自然としての人間と制度の下にある人間とを対比しつつ書かれたルソーの主要な作品の基底にあって、それに統一性をあたえる原理であったといってよいからである。

では、自己表現としてのロックの全作品について、ロックの思考が常にそこへと立ち返っていく不変の信条や確信を読みとることができるであろうか。もしできるとすれば、それは、はたして何にもとめられるのであろうか。

宗教的確信

端的にいって、ロックの思索がたえずそこへと回帰していく不動の信条は、ロックが、クリスチャンとして固く心にいだき、深く信じていた一組の宗教的確信であった。すなわち、神を人間に服すべき規範をあたえる存在として信仰し、生きるに値する人間の善き生の条件をその規範にしたがって生きることにみいだすゆるぎのない信条がそれである。神と人間との関係にかかわるロックの次の三つの視点は、ロックが思想家としてその信条に拠って立っていたことを示す有力な傍証《ぼうしょう》にほかならない。

第一は、ロックが、神を、その「手」によって「われわれにとって最善であり、われわれがそれに黙従すべきもの」を指示してくれる存在とみなしていたことである。J・ダンのいうように、「人間存在の方向づけのための十全な規範の体系」をあたえる「慈悲深い神」の存在を信じることは、キリスト教思想家としてのロックにとって自明の前提であった。

第二は、ロックが、人間を、「神の栄光という目的」に仕え、自らそれを証《あかし》すべき「神の作品」と規定していることである。この規定が示唆するように、ロックにとって、人間は、どこまでも、人間に「最善のもの」を指示する神の意志にしたがって善く生きるべき義務を負う存在であった。その点で、ロックの人間は、「放縦《ほうじゅう》」としてのフィルマー的あるいはホッブス的な「自由」をゆるされた存在ではなかったのである。

第三は、ロックが、規範をあたえる神と、その規範にしたがうべき人間との間の義務論的な関係の考察を主題とする「神学」を指して、「すべての知識」の「包括物」と呼んだことである。この視点は、次のことをうかがわせるといってよい。ロックの思想世界が、ロック的な意味での「神学」に属するものとして構想されていたことがそれである。

ロック自身が示した以上の三つの視点が強く示唆するように、二つの発展系譜をたどったロックの思想は、全体として、神への義務の遂行のうちに人間の生の充足をもとめる単一の宗教的信条に支えられ、その上に築かれたものであった。

神学的パラダイム

その点を理解するために、さらに注意すべきことがある。それは、ロックが、神によって人間という存在に付与されたどのような条件を前提として、その人間にふさわしい善き生のあり方を構想したかにほかならない。

その問題についてのロックの立場は、きわめて明確であった。すなわち、まず、ロックは、神によって創造された「作品」としての人間の所与の条件を、「不死なる魂のほかに、この地上における現世的な生を持つ」ことにみいだした。そこから、ロックは、人間をこうした条件の下に置いた神との義務論的な関係において、人間が送るべき善き生を、「不死なる魂」と「地上における現世的な生」とのそれぞれについて規定しようとしたのである。ロックにおける二つの思想系譜は、その必然的な帰結であった。

まず、人間が「不死なる魂」を持つ条件に関連してロックがうながされたのは、「魂の救済」のために人間が信じ、したがうべき「宗教をふくむ」道徳規範の認識根拠や論証問題への問いであった。そこにみちびかれたのが、認識＝道徳論の系譜であった。

他方、「地上における現世的な生」を持つ人間の条件も、ロックに、人間が「地上」で現実に営む生、具体的には信仰生活と政治生活とにおいて何が神への義務であるかの論証を強いることになった。いうまでもなく、そこに成り立ったのが政治＝寛容論の系譜であった。

このように、「不死なる魂」を持ち、「現世的な生」を送るべく条件づけられた人間の生の理念を神との義務論的な関係のなかで確定しようとする宗教的信条こそが、二つの系譜からなるロックの思想全体の自己同一性を支える「個体化の原理」にほかならなかったのである。

事実、ロックの生涯をたどった際にみたように、その宗教的信条をロックの精神に定着させた二つの背景があった。一つは、ロックが、家庭教育のなかで、人間の生の中心に神への義務の感覚を置くピューリタニズムに特有の精神態度を身につけていたことであった。幼少期のロックのうちに無自覚のまま形成されていたこの精神の原型が、神への義務をはたすことに人間の生の理念をもとめる宗教的信条をロックにもたらすいわば意識下の背景になったと考えられるからである。

しかも、そうした精神の原型の延長線上で、ロックがその宗教的信条をより自覚的にいだくに至ったもう一つの背景があった。前にみたように、それは、青年期のロックが、人間、とくに保護者への不信による自己喪失の危機から、神の摂理との一体化による学者としての自己意識の確立へと至った精神のドラマを体験したことであった。ロックは、その実存的な体験を通して、人間にとって、神が定める摂理に忠実に生きるべき義務をはたすこと以外に善き生の条件はないとする不動の宗教的信条を自分のものとしたからである。

ロックの思想を方向づけ、規定したその宗教的信条を以下「神学的パラダイム」と呼ぶとすれば、四〇年以上にわたってつづけられたロックの思索は、全体として、その「神学的パラダイム」のうちに同一性の根を置くものであった。もとより、ロックの思想における宗教的関心の理論的な中核性に注目することの重要性が指摘され、世俗的なロック解釈が修正を迫られた理由もそこにあったのである。

以上、複雑なロックの思想の根底にあってそれに自己同一性をもたらした「個体化の原理」が、人間の善き生の条件を神が定めた義務の遂行にみいだす「神学的パラダイム」にもとめられることを示してきた。

したがって、次に、成熟期におけるロックの思想の二つの系譜それぞれについて、その「神学的パラダイム」がどのようにつらぬかれたかを具体的に問わなければならない。そこにおいて、われわれは、ロックのもっともロックらしい思想に出会い、また、ロックの思想がたどるべくしてたどらなければならなかった運命に立ち会うことになるはずである。

第三章　政治と宗教

——「神の作品」の政治＝寛容論

第1節 「政治的なもの」の原像と「神学的パラダイム」

問いの不在

政治＝寛容論の系譜におけるロックのもっとも成熟した思想を示す作品は、いうまでもなく、『統治二論』であり、『寛容についての手紙』である。その場合、後者の「系」であると評される事実が示唆するように、成熟期のロックにおける寛容論は、政治論を理論的な前提として執筆されたものであった。

その点に注意するかぎり、ロックにおける政治＝寛容論の系譜をたどるためには、次のような順序を踏むことがもとめられるであろう。ロックにおける政治論をまず考察し、次いで、その政治論との関連において寛容論に光をあてるという手順がそれである。

しかし、『統治二論』を中心にしてロックの政治論を分析する作業を始める前にみておかなければならないことがある。それは、社会的な意識を強めていた青年期のロックが、そもそも「政治的なもの」についてどのようなイメージを身につけていたかにほかならない。

もとより、『統治二論』は、civil government, civil society, political power, commonwealth, state, magistrate, tyrannyといった用語を使って政治認識を理論的に提示した作品であった。しかし、厳密なその理論の背後には、ロックが若いころからいだいていた「政治的なもの」に関する直感的なイメージが息づいていた。その意味で、『統治二論』を読み解くためにも、ロックが、それを書く以前にすでに自分のものにしていた「政治的なもの」に関するイメージをあらかじめ知っておくことが不可欠であるといわなければならない。

にもかかわらず、ロックが「政治的なもの」についてどのような原イメージをいだいていたかは、これまであまり問われたことのない問題領域であった。この点は、たとえば、C・シュミットによって「友誼《ゆうぎ》線の境界画定」を本質とする「政治的なもの」の概念の執拗な追求者とみなされてきたホッブスの場合とは著しい対照をなしている。こうした事態が生みだされた最大の理由は、両者の政治思想があたえる印象のきわだった違いにあった。

ホッブスとロック

ホッブスは、「政治的なもの」の本質を反社会的な性向を秘める人間の間に秩序を形成し、維持することにもとめ、しかもその主体を、絶対的な権力を持つ主権者に一元化した。ホッブスのこうした鋭角的な政治思想と比べた場合、ロックのそれはまったく異なった感じをいだかせるものであった。ロックの政治思想は、政治権力の制限をめざした点で、「政治的なもの」の領域を極小化しようとする穏健な政治観を示したものという印象をあたえるからである。

その意味で、S・ウォーリンの場合のように、例外的にロックにおける「政治的なもの」への言及がなされることがあっても、次のような点が強調されることには理由がないわけではない。すなわち、ホッブスが「政治的なものの独自性を力強く主張した」のに対して、ロックの「自由主義的」政治像にあっては、「政治的権威の衰退」がみられ、「政治的なもの」は「曖昧化」されているといった指摘がそれである。

しかし、「政治的なもの」の理解においてホッブスとロックとの間には絶対的な距離があると考えることは、端的に誤りであるといわなければならない。ホッブスだけではなく、ロックもまた、「政治的なもの」が人間の運命を支配し、翻弄する力を本質的に秘めていることを鋭くみぬいていたからである。

次のような逆説が、その点を示唆しているといってよい。それは、政治権力を制限しようとするロックの視点が、逆に、人間を規定する「政治的なもの」の切実性を極限において把握したロックの意識を、いわば陰画のように映しだしていることにほかならない。政治の世界が人間の生を左右する危険な力を持っていることが強く意識されないかぎり、その力を統御しようとする観念そのものが生まれるはずはないからである。

その意味で、ロックもまた、「政治的なもの」の本質を人間の生き方や運命に決定的な影響をあたえる力を秘めている点にみていたといってよい。

「運命」を翻弄する「政治的なもの」

「政治的なもの」を人間の運命の決定者としてみるロックのそうしたイメージの原型は、歴史的体験を通して形成されたものであった。「ピューリタン革命」から王政復古へと揺れ動いた歴史の「嵐」のなかを、鋭い感受性を持って生きぬいた若きロックの体験がそれである。

前にもふれたように、内乱から王政復古に至る激動の政治状況のなかに身を置きつづけた青年期のロックの同時代認識には、その体験の跡を強くとどめる一つの特質がみとめられる。それは、ロックが、自分の眼に「狂気の世界」と映った同時代の政治的動向に「われわれのすべての運命が賭けられており、われわれは、それとともに泳ぐか沈むかしなければならない」と感じていたことであった。

実感に支えられたロックのこうした切実な判断は、あきらかに、彼が、「政治的なもの」の核心を、避けることのできない力として人間の「運命」を全面的に規定する点にみいだしていたことを雄弁に告げている。

若きロックのうちに「政治的なもの」についてのそうしたイメージを定着させた要因は二つあった。一つは、人生の平穏な「凪《なぎ》」を愛好する静謐《せいひつ》主義的心性であり、もう一つは、社会的上昇への条件の不安定性であった。

若きロックは、生まれつき病弱だったこともあって、活動よりも思索や研究を好み、「静謐さへの努力」を人間の義務と感じる精神態度を身につけていた。もとより、この静謐主義的な心性そのものは、「外界の不平不満に対する安全な防壁」をもとめて「世界からの退却《たいきゃく》」をうながす傾向を秘めている点で、あきらかに、反政治的性格を持っていた。

しかし、ロックの静謐主義的心性は、そうした反政治的な性格のゆえに、かえって、時代の「嵐」のなかに、「悪しき守護神」に支配されて人間の運命をねじ曲げる「政治的なもの」の力の存在を実感させる作用をはたしたといってよい。「静謐さ」をもとめればもとめるほど、ロックが、それを許さない時代の政治的激動を、外から暴力的に侵入して自分の世界を翻弄する巨大な力とみなし、そこに「政治的なもの」のイメージを結ぶことはごく自然な意識の流れであったからである。

そのイメージをさらに決定的に結晶化させた要因があった。ロックの社会的上昇を支えた条件の不安定性がそれである。卓越した知的資質にめぐまれていたロックにとって、ウェストミンスター・スクールへの入学、さらには、オックスフォード大学への進学は、社会的上昇へのもっともたしかな制度的通路であった。しかし、前にみたように、ロックの場合、その通路を現実に開いたのは、自身の優れた知的能力よりも、むしろ、議会派の有力な政治家であったポファムの政治的後援であり、恩顧であった。

それは、内乱期から王政復古期にかけては教育制度そのものが王党派と議会派との勢力争いの場となっており、したがって、学校への入学者の選出においても保護者の政治的影響力が「重大な部分」を占めていたからである。

しかし、社会的上昇の可能性を保護者の後援や恩顧に仰《あお》ぐこうした他者依存的な生活は、保護者の影響力の失墜《しっつい》が被保護者自身の運命を暗転させる危険性を、その当然の対価としてともなうものであった。事実、おそらく一六五八年、最大の保護者であったポファムが王党派の陰謀にまきこまれたとき、ロックにとって、その危険性は単なる可能性から現実そのものに転化したのである。

このように、ポファムの変節によって後援の継続が困難になり、「自己喪失」の危機に陥ったロックには、それ以後、次のような精神のドラマがあった。前にもふれたように、女性たちとの愛の交歓による自己回復の試みの挫折を経て、神の「摂理」との一体化による「学者」としての自己同一性の確立へと至ったことがそれである。

しかし、同時に注目すべきことがある。それは、ロックが、王政復古に向けて流動化する政治状況のなかで現実に生じた保護の消滅という危機に直面することによって、「政治的なもの」についての原イメージをより決定的に自分のものにしたことにほかならない。

ロックが、父親からポファムの変節を告げられて残した「私は、もはや、偶然が人間の上にもたらす突然の事情変更にまったく価値を置くことはできません」という告白は、その点を強く示唆しているといってよい。そこには、「自らの安全と成功と」が、「突然の事情変更」をもたらす「政治的なもの」によって他律的に左右されることを思い知らされたロックの深い不安感をみてとることができるからである。

このように、時代の政治的激動のなかを生きた若きロックは、静謐主義的心性と、保護者への依存関係にひそむ「自己喪失」の危機とを媒介《ばいかい》として、外から侵入して自らの「運命」を翻弄するものに「政治的なもの」の像を結んだのである。

「われわれは、それとともに泳ぐか沈むかしなければならない」

しかし、「政治的なもの」についてのその原イメージは、まだ、理論的に反省された政治思想そのものではない。政治思想の理論的な定立がなされるためには、「政治的なもの」の原像を一定の視点から整序《せいじょ》しなおす思考枠組みがさらに必要であったからである。その思考枠組みこそが、「個体化の原理」としてロックの思想の根底にある「神学的パラダイム」であった。

ロックにおいて「神学的パラダイム」による政治思想の理論的定立がどのように行われたかを考察する場合、何よりもまず次の点に注意しなければならない。その定立が、「政治的なもの」の原像によって方向づけられたことにほかならない。その点をあきらかにするためには、ロックにおける「政治的なもの」の原像にひそむ二つの微妙な観点に注目する必要がある。

仔細《しさい》に検討してみればすぐに理解できるように、「政治的なもの」の核心を人間の「運命」を支配する力のイメージでとらえたロックのその政治像には、人間と政治との関係をめぐる二つの観点がふくまれていた。

一つは、人間の営みのなかには、「政治的なもの」の侵害を拒《こば》む非政治的領域が存在し、また存在しなければならないとする観点である。

その観点を強く示唆するロックの言葉がある。それは、ロックが、自らの思考活動を指して、「戦争と流血との妖精」が支配する「世界の悪」への「自己武装」と呼んだことであった。これは、あきらかに、ロックが、「政治的なもの」について、「武装」して守るべき自分に固有の領域に外の「世界」から侵入して来る「悪」という印象をぬぐえなかったことを示している。その意味で、ロックは、人間には確固として守られるべき価値領域があって、そこに踏みこもうとするかぎり「政治的なもの」は悪しきものになるという意識を持っていたといってよい。

しかし、ロックにおける「政治的なもの」の原イメージは、それが否定的なものに転化する危険性への警戒を示すもののほかに、もう一つの観点をともなっていた。それは、地上に生きる人間にとって、政治や「政治的なもの」がどこまでいっても避けて通ることのできない領域をなしているという観点である。

それを示すのは、ロックが、政治の世界の動向に人間の「運命」の浮沈《ふちん》が賭けられており、好むと好まざるとにかかわらず「われわれは、それとともに泳ぐか沈むかしなければならない」と考えていたことであった。これ以上明確に、ロックが、現世を生きる人間は政治から逃げることも、それから完全に自由になることもできないとみなしていたことを告げる言葉はないからである。

政治思想の二つの方向

このように、ロックにおける「政治的なもの」についての原イメージは、一方で非政治的領域を価値化し、他方で政治の不可避性をみとめる二つの観点をともなっていた。そうした観点をふくむ「政治的なもの」についての原像が、神への義務の遂行に人間の善き生の条件をもとめる「神学的パラダイム」のなかで理論的に反省されたとき、そこから、ロックの政治思想の二つの方向が必然的にみちびかれることになった。

まず、非政治的領域を価値化しようとする第一の観点がもたらしたのは、政治思想の次のような方向であった。すなわち、それは、「不死なる魂」と「現世的な生」とをあわせ持つ人間に課せられた二つの宗教的義務の遂行を可能にする条件を、聖域として「政治的なもの」の圏外に置こうとする方向である。もとより、その二つの宗教的義務とは、自らの「魂」に「配慮」する義務と、地上においてその「配慮」を実践する義務とであった。

後述するように、こうした第一の基本方向は、やがて、政治と宗教とを分離し、信仰を個人の責任に委ね、宗教的義務の実践を支える人間に固有の権利を政治権力が侵《おか》しえない価値領域とする政治＝寛容論に結晶化することになるであろう。

ロックにおける「政治的なもの」の原像がふくむ第二の観点、すなわち、人間における政治の不可避性をみとめる観点もまた、「神学的パラダイム」に媒介されて、政治思想の第二の方向を準備することになった。

まずそれは、「政治的なもの」から自由になりえない人間の境遇の神学的位置づけをみちびくことになった。「神学的パラダイム」において、人間が「神の作品」とされていた以上、その人間における「政治的なもの」の不可避性が「神の意志」に結びつけられることはごく自然なことであったからである。

たとえば、最初期の作品である『世俗権力二論』におけるロックの次の言葉は、その点を端的に示すものであった。「神は、人間の間に、社会と秩序と統治とが存在することを欲せられた。そして、われわれはその社会を政治的共同体と呼ぶのである」。

以上のように、ロックが、人間における政治の不可避性を「神の意志」に結びつけたとき、そこからロックの政治思想は、次のような方向へと必然的に向かうことになった。それは、所与の政治的現実を神の名において承認するのではなく、「悪」に陥る危険性を秘める政治の現実を神との関係において規範的に問い直す方向であった。

その理由は次の点にあった。政治の世界が「神の意志」に由来するものであるとすれば、ロックの関心が、「神の意志」に真にふさわしい政治の世界の条件を人間の義務の観点からさぐることに向けられることは必至《ひっし》だったことである。ロックが『統治二論』を執筆する直前に書いた手稿における次の一文ほど、その点を強くうかがわせるものはない。

「神が、人間を社会なしには存続しえない境遇に創造し、しかも、何がその社会を保全しうるかを識別《しきべつ》しうる判断力をも人間にあたえたということを人間がみいだす場合に、その人間には社会の保存に役立つ諸規範を守る義務があり、かつ神もそれを要求していると結論すること以外のことが可能であろうか」。

政治の世界を構成するすべての人間にとって、何が「神の目的」に仕える宗教的義務であるかを問おうとするロックの政治思想の第二の基本方向が準備されるのは、そうした視点の延長線上においてであった。

接合の可能性

しかし、実は、ロックにおける政治思想のこうした第二の方向には、最初から大きな困難がつきまとっていた。ロックにとっても、政治の世界における宗教的義務を人間の理性が「神の意志」から直接引きだすことが不可能であることは自明であったからである。

ロックが、後年、『パウロ書簡註釈』で結論的に述べているように、その理由は次の点にあった。神は、パウロの口を通して、「人間がいかにして政治権力への正当な権原を手にするか、あるいは誰がその権原を持つか」といった政治に関する具体的なことについては「何も語っておら」ず、「完全に沈黙している」ことがそれである。

この難問に直面したとき、ロックにとって、とることのできる唯一の解決策があった。それは、「神学的パラダイム」のなかでもっとも確実な原理を確認した上で、それからのいわば間接的な類推《るいすい》によって、政治の世界における神への義務をみちびく途であった。

その場合、政治思想の第一の方向に関連して述べたように、ロックにとって疑問の余地のない原理は次の点にあった。すなわち、「魂への配慮」と、地上におけるその「配慮」の実践とを可能にする条件は、「政治的なもの」の支配を拒む聖域でなければならないということがそれである。

したがって、ロックが、あくまでもこの原理に照らして人間の政治的営みにおける「神の意志」を論証しようとした以上、ロックの政治思想が最終的に自らを定位しなおす方向は次のようなものでしかありえなかった。それは、人間にとって不可欠な政治的統治が負うべき神学的義務を非政治的な聖域を保証する点にもとめ、人間に課せられた神への義務を、そうした政治的統治を作為《さくい》し、維持することにみいだす方向にほかならない。

もとより、これは、ロックが、「政治的なもの」の原像が秘めていた観点からみちびかれた二つの方向を接合して自らの政治思想を構築しようとしたことを意味する。事実、ロックの政治思想は、そうした方向に厳密に沿いつつ、「神学的パラダイム」にもとづく「神の作品」の政治学として全面的に展開されることになった。

しかし、それが現実に展開されるためには、そのきっかけとなるもう一つの決定的な条件が必要であった。「神学的パラダイム」とはおよそ相容《あいい》れないフィルマーの王権神授説との対決がそれである。いうまでもなく、その課題をになって書かれた作品が『統治二論』であった。

第2節　「神の作品」の政治学

『統治二論』の執筆と出版

思想史家の綿密な考証によって、ロックが、『統治二論』の主要部分の執筆をオランダに亡命する一六八三年までに終えていたことがあきらかにされている。したがって、執筆時期からいって、『統治二論』は一六八八年の「名誉革命」を正当化する意図をもって書かれた作品であったという解釈が成り立つ余地はまったくない。

しかし、ロックが、オランダでの亡命生活を終えてイングランドに帰国した一六八九年には、次のような事情があったからである。

ロックは、『統治二論』を出版するにあたって執筆した「緒言」のなかで、『統治二論』刊行の意図を二つあげている。一つは、「わが現国王ウイリアム」が、「あらゆる合法的統治の唯一の権原である人民の同意を……(自らの統治の——引用者)権原としていることを証明」することであり、もう一つは「隷属と滅亡との危機に瀕《ひん》した祖国を救ったイングランド人民を世界に対して正当化する」ことであった。

その場合、第一の点については、社会契約に政治的統治の正統性根拠をもとめるロックが違和感をおぼえていたことは否定できないであろう。「名誉革命」体制の正統性は、ウイリアムおよびメアリの共同統治への「イングランド人民」の「同意」という支配服従契約の法理《ほうり》に依拠していたからである。そうしたロックが、しかも革命によって成立した体制下で革命権を説く作品の公刊に踏み切った以上、そこには執筆の際とは違った意図がこめられていたと考えるほかはない。

端的にいって、それは次の点にあった。イングランドをとりまく国際情勢のなかで、当時プロテスタントの盟主と目されていたウイリアム治下の「祖国」をカトリックの最強国フランスへの「隷属」から防衛しようとするナショナリスティックな意図にほかならない。そこには、次のような緊迫した状況があった。

「名誉革命」後も、イングランドのカトリック化をめざしたチャールズ二世とジェイムズ二世との政策の余波をうけて、ジェイムズが亡命したフランスによる軍事介入がつづいていた。また、国内でもそれに呼応してジェイムズの復位を企てるジャコバイトたちの暗躍《あんやく》がやまなかった。ロックが、「緒言」において、『統治二論』出版の第二の意図として、「イングランド人民を世界に対して正当化する」ことをあげた理由もそこにあった。その背景には、『統治二論』の刊行によって、「名誉革命」体制をゆるがすフランスの策動の不当性を全ヨーロッパに向けて発信しようとするナショナリスティックな意識があきらかにひそんでいたからである。

しかし、『統治二論』を「神の作品」の政治学という視点から内在的に読むにあたって重要なのは、いうまでもなく、出版の意図ではなく、ロックがどういう狙《ねら》いを込めて『統治二論』を書いたかである。

論敵は誰か

『統治二論』が執筆された文脈と意図とをめぐっては、次の二点がすでに共通了解になっているといってよい。一つは、それが、一六七九年から八一年にかけてつづいた「王位排斥問題をめぐる危機」のなかで、議会派ウイッグの陣営から王党派トーリーに向けて書かれた党派的文書であったことである。

もう一つは、『統治二論』が、内乱の可能性をはらむそうした危機的な歴史的文脈に規定されて、フィルマー批判を意図するものになったことである。その背景にあったのは、王党派が、王権神授説に立って国王権力の絶対性と神聖性とを説いた『パトリアーカ』をふくむフィルマーの古い作品を次々に再刊したことであった。王党派は国王への抵抗を大逆罪にするためのイデオロギーを必要としたからである。

そうした事態をうけて、『統治二論』も、その全体がフィルマー批判を意図する作品になった。その意味で、『統治二論』におけるロックの正面の論敵は、一部の論者がいうようにホッブスではなく、あくまでもフィルマーであった。

こうした背景の下で書かれた『統治二論』におけるロックにとって、フィルマーとの出会いは、その舞台が「すでに死んだ敵」を復活させたトーリーによってたまたま整《ととの》えられたものであった点で、いわば偶然の所産であった。しかし、後代にとって、その偶然は大きな幸運をもたらすことになった。『統治二論』は、フィルマーとの対決を通して、近代政治学の歴史上にそびえ立つ古典へと鍛えあげられたからである。

フィルマーの王権神授説

その場合、ロックがフィルマーの所説を「神学」と呼んで批判した点が示唆するように、問題の核心は両者の対立が和解不能な神学的意味を持っていたことにあった。すなわち、ロックは、フィルマーの王権神授説に対して、自らの「神学的パラダイム」とは絶対に両立できないものとして神学的な批判を加えたのである。それは次のようなことであった。

ロックは、『パトリアーカ』に示された「フィルマーの体系」は「きわめて狭い範囲に集約され」るとして、その体系を次の二つの命題に還元した。すなわち、「すべての統治は絶対王政であること」と、「いかなる人間も自由には生まれついていないこと」とがそれである。

もとより、政論家としてのロックにとって、フィルマーの主張をこのように単純な命題へと還元することとは、それを疑問の余地のない明晰さで葬《ほうむ》るための手法の意味を持っていた。しかし、そうした政治的手法であることをこえてより重要なことがある。

それは、ロックによる「フィルマーの体系」の二つの命題への集約が、フィルマーの所説の核心をつくものであったことにほかならない。フィルマーは、君主権力は神がアダムにあたえた世界への絶対的な支配権と子孫への家父長権とにもとづくとする想定に立って、たしかに次の二つを声高に主張したからである。それは、君主が「絶対権力への神授権」を持つこと、それに対して臣民は「自然の」服従義務を負っていることの二点であった。

しかし、問題はその先にあった。すなわち、ロックが、どのような思想的理由から、『パトリアーカ』の要点を国王権力の絶対性の肯定と人間の生来的な自由の否定との二つにみいだしたかがそれである。すでに示唆したように、それら二点と、神と人間との義務論的な関係を柱とするロックの「神学的パラダイム」との和解不能性がその理由であった。

ロックが、フィルマーの王権神授説を、国王権力を絶対化し、人間の自由を否認するものとして厳しく批判した理由は、きわめて明確であった。それは、「神学的パラダイム」に立つロックの眼には、フィルマーの主張が、君主をふくむ人間の神への義務をあるいは解除し、あるいはその遂行を不可能にしてしまうと映ったことである。

ロックは、まず、君主に絶対的な権力をあたえたフィルマーの所説の神学的含意《がんい》について、次のように指摘している。

「フィルマーの絶対王政は……自らを高く樹立《じゅりつ》して、自己の権力をすべての権力に超越させ、その頭を雲間に隠すに至るであろう。一切の地上的なもの、人間的なものを超越するその高さは、人知の到達範囲をこえ、無限の神をも拘束する約束や誓約でさえ制約できないほどの地点に達するであろう」。

ここにみられるのは、君主権力を「人間的なもの」の範疇《はんちゅう》から切り離し、君主を超越的な神に対する義務から自由な全能の絶対者へと神格化したフィルマーへの神学的な批判にほかならない。神と人間との無限の距離の自覚に立って、統治者をふくむすべての人間の神への義務を強調したロックが、君主を神格化して神への義務を免除するフィルマーの所説を神学的に容認できるはずはなかったからである。

しかも、こうした神学的批判は、フィルマーの王権神授説に人間の生来的な自由の否定をみたロックの判断のうちにも明確につらぬかれていた。

フィルマーとは「異なった仕方で」

ロックは、『統治二論』、とくにその前篇において、人間が「自由には生まれついていない」ことを強調するフィルマーの家父長権論版王権神授説を次のように批判した。すなわち、フィルマーの主張によれば、人間は、ただ「絶対的な君主権」に受動的に服従することしかできない無力な「奴隷」に還元されてしまうというのがその批判の要点であった。

この批判もまた、ロックが、フィルマーの思想に、人間が神への義務をはたす可能性を閉ざす危険性をみたことを示すものであった。君主権力にただ隷従するだけの人間は、神があたえた「自分自身の義務を発見するのに十分な光」である理性を用いて神への義務を自ら認識し、実践する自発性や主体性を発揮する道を奪われてしまうからである。

このように、ロックにとって、人間の生来的な自由を否定するフィルマーの「神学」は、人間が、理性能力を使って「神の意志」を理解し、それにしたがって神への義務をはたすことを不可能にするものにほかならなかった。人間を「奴隷」化するフィルマーは、神への義務をつらぬく人間の自発性や主体性を否定することになるとするロックの批判にも、神と人間との関係づけをめぐる神学的な対立がひそんでいたのである。

以上のように、ロックにとって、王党派がよみがえらせたフィルマーの王権神授説は、自らの「神学的パラダイム」に対する神学的挑戦であった点で、いわば世界観を賭《と》して深刻にうけとめるべき対象であった。

そこから、ロックは、その挑戦をしりぞけるために、思索を、「神の意志」にかなう「政治的統治の真の起源・範囲・目的」をフィルマーとは「異なった仕方で」、しかし、どこまでも「神学的パラダイム」にそって論証する方向へと集中させることになった。『統治二論』後篇における政治学のそうした展開を支えたみちびきの糸が、ロック自ら『統治二論』の独創性をそこにもとめた「プロパティ」論にほかならなかったのである。

「プロパティ」論の意味

よく知られているように、ロックの「プロパティ」論は、解釈史においてもっとも論争を呼んだ領域の一つであった。その主たる理由は、ロックの「プロパティ」概念が一七世紀の言語習慣には収まらない幅広さを持っていたことにある。

私有と共有との関係や、法と私的所有との関係を主要論点とする「プロパティ」論の一七世紀的文脈のなかで、「プロパティ」は、動産や不動産のようなモノとしての資産やそれに対する各人の所有権を意味するものとされていた。それに対して、ロックのいう「プロパティ」は、一七世紀の用法よりもはるかに広い意味をあたえられていた。それは、「資産」のほかに、人間の身体や人格にかかわる「生命、健康、自由」までをふくむものとされていたからである。

このように独自性を帯びたロックの「プロパティ」概念が解釈の分岐《ぶんき》を招いてきたことは、当然といえば当然であった。

しかし、ロックの「プロパティ」概念を理解するにあたって確実にいえることが少なくとも二つあるといってよい。一つは、その概念を私有財産に対する所有権を意味するものととらえ、それを、ロックにおける「所有的個人主義」といった解釈の根拠とすることには無理があることである。そうした解釈では、ロックが「プロパティ」概念に「資産」以外の要素を加えたことの意味をとらえられないことがその理由にほかならない。

もう一つ明確にいえることは、「プロパティ」論のそうしたロック的個性を準備したものがあったことである。もとより、それは、ロックの思想の根底にある「神学的パラダイム」であった。ロックの「プロパティ」は、それなしに人間が神への義務をはたすことができないもの、伝統的な哲学用語を使えば、人間が神に対して負った全義務の基礎をなす「基体《きたい》」そのものであったからである。事実、こうした視点から接近するかぎり、多義的にみえるロックの「プロパティ」概念について一義的な理解をみちびくことが可能になるといってよい。

人間に「固有のもの」

まず注意すべきことは、ロック独自の用語法で、「プロパティ」が「神の作品」としての人間に「固有のもの」、人間とそれ以外の被造物とを分かつ人間の全属性を意味していたことである。それを示すのは、ロックにおける「プロパティ」概念の包括的な性格にほかならない。

ロックにおける「プロパティ」の概念は、人格と存在、精神と身体、「不死なる魂と現世的な生」を持って創造された人間の全局面にあきらかにかかわるものであったからである。

ロックが、自分の「プロパティ」概念について、世人がいう「資産」よりも広義の「一般名辞general name」とみなしてほしいとした理由もそこにあった。その点で、ロックの「プロパティ」概念は、人間を絶対君主の「所有物」としたフィルマーの用法とも、モノとしての資産やそれへの所有権を意味した一七世紀の一般的な用法とも異なって、たしかに、ロックに独自のものであった。

その場合、ロックにおける人間にとって、「プロパティ」は、他者との関係においては、排他的な権利、それへの侵害が自然法違反になる各人の自然権であり、「固有権」と呼ぶにふさわしいものであった。「プロパティ」のうち、「自由、生命、健康」は各人に「固有の」ものとして生来的に帰属する価値であり、「資産」は各人の「労働」の成果として「本来的に彼自身のもの」であったからである。

けれども、「神学的パラダイム」に即して、人間を「神の業《わざ》」をはたすべき「神の所有物」とみなすロックにあって、その「プロパティ」概念にはもう一つの重要な側面があった。他者との関係においては各人の「固有権」であった「プロパティ」が、神との関係においては、神学的義務の遂行を支え、可能にする「基体」に転化する点がそれである。「プロパティ」を人間に「固有のもの」とみなすロックの「プロパティ」論の真の独自性は、この点にこそもとめられるといってよい。

神学的義務の「基体」

ロックにとって、まず「プロパティ」のうちの「自由」は、すでにふれたように、人間が神への義務をはたすために不可欠な条件であった。「理性的被造物」としてのロックの人間は、何が神への義務であるかを認識し、発見するために自らの理性能力を行使する「自由」を欠くかぎり、神への義務を自らはたすことができないからである。のちにみるように、人間に固有のその「自由」の延長線上に、「神の意志」にかなう政治的統治と信仰のあり方との決定を人間の自由な意志に委ねるロックの視点がみちびかれるであろう。

ロックのいう「プロパティ」のうちの「生命、健康、資産」、とくに「資産」もまた、三点において神に対する人間の義務の問題と強く結びついていた。第一の関連は、「合理的で勤勉な」存在に予定されていたロックの人間にとって、「資産」が、神の「召命」としての職業労働にいそしむべき神学的義務をはたしているかどうかを確証《かくしょう》する重要な手段であったことである。

その点に注意するかぎり、貨幣経済段階における人間について、勤勉な労働がもたらす「資産」の量への自然法の制限を解除して、勤勉さの差が生みだす「資産」の不平等性を容認したロックの視点は、職業労働の成果に救いの確証をみいだす「プロテスタンティズムの倫理」にあきらかに由来するものであった。

「プロパティ」としての「資産」にひそむ第二の神学的関連は、ロックにとって、労働を通してそれを獲得すべき各人の義務が「全人類の存続」をめざす「神の目的」に献身すべき人間本来の義務でもあったことにもとめられる。

その理由は、「はかなく、不確定な」現世的生をあたえられたロックの人間にとって、「資産」が自己保存の手段をなし、生命の再生産を可能にするものであることにあった。そうした人間において、「資産」を生みだすべき労働の義務が、自殺を禁じ、「全人類の保存」を欲する「神の意志」を遂行すべき神学的義務の一環をなすことは自明であったからである。

しかも、ロックにおける「資産」は、自己保存の手段であることによって、さらに第三の神学的意味を帯びることになった。それは、「資産」が、人間にとって、神への義務をはたして地上における善き生を送るために不可欠な条件、すなわち生存それ自体を可能にするものであったことにほかならない。

このように、善き生のためにはまず生きる必要があること、これは「はかない生」のなかで、しかも「神の栄光」をこの地上において実現しなければならないロックの人間にとって、もっとも基本的な条件であった。その点で、ロックが、「プロパティ」のなかに「生命」と「健康」とをふくませたことには深い配慮があったといわなければならない。

以上のように、ロックのいう「プロパティ」は、人間が神への義務を遂行し、また確証するために不可欠な条件、あるいは、その遂行を根底で支える「基体」として、「神の所有物」としての人間から取り去ることのできない人間に「固有のもの」であった。ロックの政治理論の他の主要領域である政治的統治の正統性論と不法な権力に対する抵抗権論とは、こうした「プロパティ」論を原理的な起点として展開されることになる。

正統性論の独自性

いうまでもなく、『統治二論』をつらぬく最大の関心の一つは、政治的統治の正統性の問題であった。その場合、ロックは、この正統性の問題をフィルマーの王権神授説に代わる社会契約説によって解決したと考えることは、もとより不当ではない。

しかし、その解釈は、なお一面的であるといわなければならない。ロックの正統性論は、聖書解釈にもとづく神学的前提をともなっていたからである。それは、「いかなる政治的共同体においても最高の政治権力は神に由来する」として政治的統治の淵源《えんげん》を「神の意志」にもとめる視点であった。実は、ロックの正統性論の真の独自性は、この視点と社会契約説とを「神学的パラダイム」の枠内で結びつけたことにある。それは、以下のようなやや複雑な論理の展開を通してであった。

その点に関連してまず注意すべきことは、「最高の政治権力は神に由来する」というロックの命題が、一つの当為《とうい》であったことである。すなわち、ロックのその命題は、政治的統治に対して、神への義務をはたして「神の意志」に真に淵源する正統性を備えるように要請するものであった。「神学的パラダイム」に依拠するロックにとって、政治的統治が「神の栄光」に仕えることによってのみ「神の意志」にかなう正統性を持ちうることは当然のことであったからである。

もとより、そこにみられるのは、ロックの視点と、所与の君主権力を神格化することによって権力の責任を問う道を閉ざしたフィルマーの王権神授説との無限の隔たりにほかならない。

次善の策

しかし、すでに述べたように、ロックにとって、政治的統治が負うべき神への義務の論証は困難であった。たとえ、聖書を根拠にして「神が政治権力にあたえた目的は人民の善である」と一般的にはいえるとしても、神は、具体的に何がその善にあたるかについてはやはり「沈黙して」いるからである。

これも前に示唆した点であるが、ここにおいて、ロックが、いわば次善の策として、「神学的パラダイム」の枠内におけるもっとも確実な原理に訴えて問題の処理をはかることは不可避であった。「プロパティ」を「神の作品」としての人間に「固有のもの」とする視点に立って、政治的統治に課せられる神学的義務を類推する方法がそれである。

「政治的統治の目的」であることによって「政治的統治者の義務」となるものを「プロパティ」の保全にもとめるロックのよく知られた結論がみちびかれるのは、そうした方法の延長線上においてであった。

こうして、ロックの正統性論は、「神の目的」にかなう政治的統治の条件を、人間が宗教的義務をはたすための「基体」である「プロパティ」の保全にみいだすことによって、政治的統治の淵源を「神の意志」にもとめる視点をつらぬくことができたのである。

しかも、このように、「プロパティ」の保全が「政治的統治者の義務」とされたとき、それは、ロックにおいて、「政治的なもの」の原イメージにひそんでいた非政治的領域の存在と政治の不可避性とをともにみとめる感覚が、「神学的パラダイム」のなかで理論化されたことを告げるものでもあった。

「プロパティ」の保全がもとめられる背景

まず、ロックにとっては、政治的統治に対して人間に「固有のもの」である「プロパティ」の保全をもとめたこと自体が、人間における非政治的領域の存在をみとめたことを意味していた。「プロパティ」を政治的統治によって侵害されてはならないものとしたとき、ロックは、あきらかに、「プロパティ」を神への義務の遂行を支える「基体」として非政治的な聖域に属するものと考えていたからである。

他方、人間における政治の不可避性をみとめるもう一つの感覚が姿を現わすのは、「プロパティ」を非政治的な領域として聖域化するために政治的統治が要請されるという逆説的な文脈のなかにおいてであった。

その問題について考える場合に注意すべき点は、ロックにとって、政治的統治による「プロパティ」の保全が必要となる人間論的背景があったことである。それは、ロックにおける人間観の道徳的分極といわれる問題とかかわっていた。

ロックは、その自然状態論において、自然としての人間の権利上の平等を説き、そうした人間を、理性法としての自然法にしたがって生きることのできる「勤勉で合理的な人間」と規定した。しかし、そのロックも、事実としての人間のなかには、道徳的に堕落していて、自然法を守らず、他人の労働の成果である「資産」を横どりするような「喧嘩《けんか》好きで争いを好む」人間がいることをみとめざるをえなかった。

しかも、こうした人間の分極は、ロックの自然状態論をホッブスのそれとほとんど変わらないものにすることになった。その最大の理由は、次の点にあった。それは、ロックが、紛争の共通の裁定者がいない自然状態においては、各人が「自然法の執行権」を行使して自然法を破る「争いを好む」人間を実力をもって処罰することが許されるとしたことであった。「自然法の執行権」が各人に委ねられているかぎり、自然法を守る人間とそれを破る人間とが混在する自然状態は、容易に「敵意と破壊との状態」であるホッブス的な戦争状態に陥る危険性を帯びざるをえないからである。

ロックが、「たえず他者による侵害にさらされている」自然状態においては、人間に固有の権利である「プロパティ」の享受《きょうじゅ》は「きわめて不安定であり不確実である」とするのは、それをうけてのことであった。

ここにおいて、ロックの人間は、自らの「プロパティ」を聖域として他者の侵害から守るために、まず、社会契約を結んで自然状態から政治社会に移行し、ついで、政治的統治者を選出した上で「プロパティ」の保全のために彼らに立法権力を頂点とする政治権力を「信託」するのである。

このように、ロックにとって、「プロパティ」を侵害する者を処罰する政治的統治は、人間が神への義務をはたすための「基体」である「プロパティ」を非政治的な聖域とする上で必要不可欠な条件にほかならなかった。その意味で、一方で、「プロパティ」を非政治的な領域として聖域化し、他方で、その保全のために政治的統治を要請するというロックにおける二つの論理は、相互に支えあう関係にあったといってよい。

しかも、ロックにとって、人間が、「プロパティ」の保全を目的として政治的統治を「理性を行使しつつ……創意と同意とによって作りだす」ことは、それ自体が、「神の意志」を遂行すべき義務をはたすことに通じていた。ロックにおいて、政治的統治の究極的な淵源は「神の意志」にあったからである。

その点で、前に示唆したように、ロックの正統性論は、政治的統治の淵源を「神の意志」に置く視点と、その政治的統治の設立因を人間の「創意と同意」にもとめる契約説とを、「神学的パラダイム」のなかで統合するものであった。その意味で、友岡敏明が指摘するように、ロックの正統性論は「神的規範的意図に対する人間的協働の構図」を持つものとして理解されなければならない。

「天への訴えの道」としての「抵抗」

しかし、ロックの政治理論は、「プロパティ」を保全することで神意にかなう政治的統治を設立し、作為すべき人間の神学的義務を確認した地点で完結したわけではない。それは、その義務からの必然的な帰結として、「プロパティ」を保全する政治的統治をたえず聖別しつづける人間の努力を予定していたからである。

その理由は、次の点にあった。すなわち、そうした努力がなされないかぎり、「突然の事情変更」によって流動する政治の世界を普遍的な「神の意志」につなぎとめつづけることはできないことがそれである。その努力を象徴するものこそ、信託された目的に違反して「人民」の「プロパティ」を侵害する不法な権力と化し、「暴政」に陥った政治的統治に対する武力行使をふくむ「抵抗」にほかならなかった。

ロックがいうこの「抵抗」概念は、政治的統治による信託違反に警告するための予防的抵抗から、信託違反権力を打倒して「プロパティ」を保全するあらたな政治的統治を樹立する革命までをふくむものであった。したがって、それは、不法な政治的統治者との関係でみるかぎり、「抵抗」の是非の判断権を留保《りゅうほ》する「人民」の「本源的な権利」であった。

その点で、ロックは、たとえば、ともに自然権哲学に立つホッブスよりもはるかに徹底していたといってよい。ホッブスは、自然権の中核をなす自己保存への権利の放棄を命じる「主権者」に対して「臣民」が抵抗する「自由」を、ロックのように権利の問題としてではなく事実の問題としてみとめる立場にとどまったからである。

しかし、そうしたロックの抵抗権については注意すべきさらに重要な点がある。

それは、「プロパティ」の場合と同じように、人間である政治的統治者に対する権利としての「抵抗」が、神との関係では、いかなる犠牲を払ってもはたされるべき宗教的義務であったことにほかならない。ロックにとっては、信託に違反する政治的統治者こそが「プロパティ」の保全を欲する「神の意志」への「叛逆者」であった以上、その権力に対する「抵抗」が「神の意志」に仕えるべき人間の義務に転化することは当然であったからである。

ロックが「抵抗」を「天への訴えの道」と呼んだのは、そうした文脈においてであった。そこにおいて問われるのは、「抵抗」の単なる成否《せいひ》ではなく、その「抵抗」が「神の意志」に殉《じゅん》じた正当なものであるかどうかの判断を神による「最後の審判」に委ねようとする動機の宗教的純粋性であったからである。

「神の作品」の政治学の完結

その場合、ロックにおける「天への訴え」としての「抵抗」はもとより実力行使をともなう行動であり、信託違反権力との間に「戦争状態」をもたらすものであった。したがって、その「抵抗」は、抵抗主体としての「人民」一般に、さらには、「抵抗」の可否の最終的判断者である各個人に、宗教的義務のいわば極限的な遂行を強いるものであった。人間を生か死かの岐路《きろ》に立たせる「抵抗」は、「神の作品」としてのロックの人間に死を覚悟しても神への義務をつらぬくかどうかのぎりぎりの決断を迫るものであったからである。

このように、神意にそむく政治的統治への生命価値を賭けた「抵抗」は、「神の作品」としての人間が負った神への義務の極点をなすものであった。ロックの認識がこの地点に到達したとき、それとともに、「神学的パラダイム」にみちびかれて政治の世界における人間の宗教的義務を一貫して問いつづけてきたロックの政治学も論理の円環を閉じるのである。「抵抗」の問題を論じた部分が『統治二論』の最終章に置かれている事実は、それを象徴するものであった。

では、以上のようなロックの政治学は、その論理的な「系」としていかなる寛容思想をみちびいたのであろうか。その検討が次節の課題にほかならない。

第3節　寛容論の思想世界

政治と宗教とが循環する時代

ヨーロッパの一七世紀は、宗教の分裂をもたらした宗教改革の余波をうけて、政治的対立と宗教的対立とが結びつく事態が常態化した世紀であった。この世紀に生じた政治的紛争、内乱、革命がほぼ例外なく宗教問題にあるいは起因し、あるいは連動していた事実がそれを示している。

一七世紀を通じて、寛容や信教の自由を主題とするはげしい論争がくりひろげられたのは、政治と宗教とが循環するそうした時代状況を背景にしてのことであった。

それらの問題に対して敏感に反応し、寛容や信教の自由をもとめておびただしい数の回答をよせたのはパンフレティアと呼ばれた人々であった。一七世紀は、印刷技術の発達にも助けられて、宗教や政治をめぐる時事的な問題をめぐる党派的な主張を小冊子を通して行う文筆家を大量に生みだしたからである。

こうしたパンフレティアの供給源は、ひとしく宗教的迫害に苦しみ、それゆえに、文書によって寛容や信教の自由を獲得しようとした集団であった。たとえば、「ピューリタン革命」に至るイングランドの内乱期に活躍したさまざまな急進的諸教派、カルヴィニズム正統派と対立したオランダのレモンストラント派、カトリックによる迫害をうけて亡命し、ユグノーと呼ばれたフランスのカルヴァン派がその代表的なものであった。

しかし、論理の徹底性や問題への接近の原理性、さらには後世への影響力からみるかぎり、一七世紀の寛容論を代表するのは、パンフレティアではなく、やはり次のような古典的作品を遺《のこ》した三人の天才たちであった。

一人は、オランダの体制宗教カルヴィニズム、そのなかでもとくに厳格に予定説を奉じるゴマルス派に対して、「自由な信仰、自由な思考」を対置した『神学政治論』の著者スピノザであった。二人目は、『「強いて入らしめよ」というイエス・キリストの言葉に関する哲学的註解』を書いたベールである。これは、カトリックと、オランダにおける亡命ユグノーの多数派に向けて、信仰の絶対的自由を要求した作品であった。そして、政教分離論に立って大幅な信仰の自由をみとめた『寛容についての手紙』のロックが、三人目にほかならない。

三人の天才たちの共通点と差異

事実、三人の天才によって執筆されたこれらの三作品は、一七世紀の寛容をめぐる問題状況を典型的な形で示す次のような三つの共通点を持っていた。

第一の共通点は、自分たちがどのような歴史状況のなかで生きているかについての自覚、すなわち、歴史意識の同質性にあった。スピノザ、ベール、ロックは、寛容問題を解決する道が多元化した宗教や宗派の共存をみとめる方向にしか開かれていないとする歴史意識を共有していたからである。その背景にあったのは、宗教界の分裂がすでに逆行不可能な歴史の趨勢《すうせい》となっているという認識であった。

たとえば、ロックによる次の指摘は、そうした歴史意識の端的な表現であった。

「キリスト教世界において、これまで、宗教上の理由によって生じた騒乱や戦争の原因は、(避けることのできない)意見の相違にあるのではなく、異なった意見を持つ人々に対して(本来みとめられてよかったはずの）寛容を拒否してきたことにあるのです」。

第二の共通点は、ロック、スピノザ、ベールの作品が寛容問題に対してとった接近視角の同質性にあった。彼らは、寛容を、国家権力による「政治的寛容」、体制宗教による「教会内寛容」、各教会・各宗派・個々のクリスチャン相互間の「寛大さ」の三つの視点から問題化した点でほぼ一致していたからである。

ここにみられるのは、寛容論の歴史における二つの基本原理、上位者による「許しTolerantia」と同等者間の「許し合いClementia」とを結びつけることで、国教徒と非国教徒、正統と異端といった伝統的二元論を無意味化しようとする彼らの自由な精神にほかならない。彼らの寛容論における宗教的個人主義への著しい傾斜は、その必然的な結果であった。

ロック、スピノザ、ベールの寛容論の第三の共通点は、一切の宗教的独断を偏見としてしりぞける批判的な思考態度にあった。彼らは、人間の認識能力の限界や可謬性《かびゅうせい》すなわち誤りやすさをみとめ、真理に関する独断を否定する視点に立って、国家権力や特定の教会・宗派による「真の宗教」シンボルの独占と強制とを拒否する思考態度を共有していたからである。彼らの寛容論が、しばしば、独断をきらう不可知論者あるいは懐疑論者の寛容論と呼ばれる理由もそこにあった。

けれども、以上のような共通点を持つにもかかわらず、ロック、スピノザ、ベールの寛容論が、それぞれに固有の個性を秘めていたことも否定できない。それは、次のようなことである。第一に指摘すべき点は、のちに詳述するように、寛容を政治権力が侵害してはならない「政治的自由」として要求したロックが、他の二人に比べて、寛容問題をめぐる政治的意味の把握において圧倒的にするどかったことである。それは、次のような点からうかがうことができるであろう。

まず、寛容を権力からの「政治的自由」の問題として論じたロックの立場は、スピノザの自由論の閉鎖性をあきらかに打破していた。スピノザがもとめた自由は、絶対的な国家主権の下では内面的な「哲学する自由」へと収斂《しゅうれん》し、閉ざされていく性格を秘めていたからである。また、ロックの寛容論は、ベールの寛容論よりも、政治権力の危険性をはるかに的確にとらえていた。野沢協のいうように、ベールは、宗教的迫害を「絶対主義的統治原理に由来する体制の悪と見る視点」を欠いていたからである。

他方で、スピノザとベールとの寛容論には、ロックのそれとは異なる点があった。たとえば、厳密な聖書批判を通して聖書の「神の言葉」としての真理性を否定し、それによって人間の思考し、哲学する自由を防衛しようとしたスピノザの視点は、ロックにはほとんどなかった。また、「打ち克ちがたい無知」を人間の条件としてみとめることによって、神を知らない無神論者も有徳的ではありうるとして寛容対象に加えたベールの視点は、ロックにはまったくないものであった。

このように、一七世紀を代表するロック、スピノザ、ベールの寛容論は、共通性だけではなく、それぞれに独自の個性をも持っていた。もとより、そうした個性がもたらされた原因の一つは、彼らが寛容論を書いた文脈と意図との違いにあった。詳細は省くとしても、彼らの寛容論は宗教的迫害の外に立つ傍観者の寛容論ではなく、自らが生きたイングランドやオランダやフランスでの迫害を身をもって体験した当事者のそれであったからである。

けれども、同時に注意すべき点は、彼らの寛容論を個性的にした要因が、より多く、独自の構造を持つ彼らの思想体系そのもののうちにひそんでいたことにほかならない。ロック、スピノザ、ベールの寛容論のそれぞれに独自性をもたらした主たる要因は、寛容をめぐるもっともアクチュアルな時代の問題を解くにあたって彼らが依拠した思想体系の差異であったからである。

まず、スピノザについていえば、彼の「哲学する自由」の主張をみちびいたのは、聖書神学に対して、「神即自然」の哲学的認識による「最高善」への道を確保しようとする『エチカ』

の視点であった。スピノザが、神学は道徳に、哲学は真理にかかわるとして両者を徹底的に区別した理由もそこにあった。

また、無神論者をもふくむ人間の「迷える良心」に寛容への普遍的な権利をみとめたベールの立場も、独自の哲学に規定されていた。それは、「神の内なる声」として主観化された各人の良心にすべての外的な権力に優位する絶対的な権威をあたえた道徳哲学に支えられていたからである。

では、ロックの寛容論は、どのような思想的背景から、スピノザやベールのそれとは異なる個性を持つに至ったのであろうか。端的にいって、それは、ロックの寛容論の最大の特徴である政教分離論の背後に広がる以下のような思想世界からであった。

ロックの寛容論と政教分離論

ロックの寛容論の頂点に位置する『寛容についての手紙』を特徴づけるもっとも基本的な理論枠組みは、「政治的統治の任務と宗教の任務とを明確に区別」する政教分離論であった。したがって、ロックの寛容論を考察する場合、その中心的な課題は、政教分離の理論形式を通して表出されたロックに独自の思想世界を読み解くことにもとめられる。そのためには、何よりもまず、ロックの政教分離論をみちびいた次の二つの原理に注目しなければならない。

第一の原理は、人間が「構成」する正統な政治的統治の目的を「生命、自由、健康、身体的苦痛からの解放、そして……外的な事物の所有」からなる「現世的利益」の保全にかぎる権力制限論であった。この権力制限論は、ロックの寛容論において、政治権力による「魂の救済」への介入を拒否する政教分離の主張を政治的統治に課せられた固有の目的の側から基礎づける政治的原理として働いたからである。

もとより、こうした権力制限論は、『寛容についての手紙』が、政治的統治の目的を「生命、健康、自由、資産」からなる人間の「固有権」の保全に限定した『統治二論』から引きついだものであった。すでに述べたように、前者が後者の「論理的系」とされる理由にほかならない。

しかし、『寛容についての手紙』は『統治二論』の単なる「系」ではなかった。前者、とくにその『第三の手紙』は、権力制限論に関連して、後者にはみられなかった視点を積極的に導入したからである。それは、政治的統治が保全すべき「固有権」、とくにそのなかの「自由」には「自分がいかなる信仰をもつかについて判断する権威」がふくまれており、したがって、その「権威」は、政治社会に先立って人間が持つ「自然の権利」であるという視点であった。

こうして、ロックは、「救済への配慮」の自己決定権を、政治的統治が保全すべき「自然権」

として各人の「固有権」のうちに規範的にくりこむことによって、政教分離をみちびくための政治的原理を最終的に確立するのである。

ロックの寛容論には、政教分離論を支えるもう一つの原理があった。それは、キリスト教の精神を、来世における「永遠の生命」の享受を固有の目的とする点で、「現世的利益」にかかわる政治的統治とは本来的に親和しえない彼岸性においてとらえる宗教的原理であった。

次の事実が、ロックのそうしたキリスト教理解を雄弁に物語っている。それは、ロックが、「キリストは……いかに永遠の生命に到達することができるかを教えはしましたが……政治的共同体を設立したわけではありません」とし、「福音の下においては、キリスト教政治共同体などというものは絶対に存在しないのです」といいきったことにほかならない。

ロックのこのようなキリスト教観の背景には、おそらく、ルソーによって「宗教の秩序」と「政治の秩序」という「ワシの双頭」を一つにしようとしたと評されたホッブスの『リヴァイアサン』における「キリスト教政治共同体」論への批判があった。

その点が示すように、ホッブス的な「キリスト教政治共同体」の存在を否定するロックのキリスト教理解は、あきらかに次のことを意味するものであった。それは、キリスト教の支配的な精神を彼岸性にもとめるロックにとって、政治と宗教との抱合《ほうごう》体制は、いかなる形態のものであれ、キリスト教それ自体の名において否定されるべきものであったことである。

このように、ロックの寛容論の理論形式を特徴づける政教分離論は、それぞれ政治と宗教にかかわる二つの原理に支えられていた。しかも、その場合、ロックが二つの原理によって政教分離論をみちびいた意図は明確に次の点にあった。それは、キリスト教信仰と政治的統治に対して、それぞれが固有性を維持するために逸脱《いつだつ》してはならない次のような理念的なあり方を提示することであった。

まず、ロックが、政治的原理によって示そうとしたのは、政治的統治が正統性を持ちうるのは、「現世的利益」を保全する固有の目的に仕え、「魂の救済」問題には介入しない場合だけであることであった。固有性を重視するロックの視点は、宗教的原理についても同じであった。ロックは、それによって、彼岸における「永遠の生命」への到達を固有の目的とするキリスト教は、現世的な政治的統治と癒着《ゆちゃく》しないかぎりで、イエスの教えに忠実な信仰たりうることを示唆しようとしたからである。

このように、ロックにおける政教分離論の意図が、信仰と政治的統治とのそれぞれについてあるべき姿を示すことにあったとすれば、そこから、ロックの寛容論の思想世界を解読するために、さらに問うべき問題が生じる。それは、ロックが、何を根拠として、信仰と政治的統治との固有のあり方を構想したかにほかならない。

この難問を解く鍵は、ロックが、宗教と政治的統治とのあるべき姿を描き、政教分離論を正当化するにあたって、常に神によってあたえられた人間の条件に言及していることにもとめられる。

信仰にかかわる二つの人間の条件

ロックは、まず、信仰にかかわる二つの人間の条件をあげている。一つは、人間が「永遠の幸福か永遠の不幸かに至りうる不死なる魂」を持つことであった。しかも、ロックによれば、これが「神の作品」としての人間の条件であるかぎり、「永遠の幸福」である「魂の救済」のために不可欠な「神が命じたことがら」を「現世において信じ、行う」ことは人間における「最高の義務」であった。

そこからロックは、その「神が命じたことがら」を「知性」を用いて「探究」し、それを「実践」することに人間は「最大限の配慮と努力と勤勉さとを向けなければならない」とするのである。

しかし、ロックは、その場合にも、各人の義務である「救済への配慮」については「誰でも自ら判断を下す至高で絶対的な権威を持って」おり、その配慮を「為政者」による他律的な決定に「盲目的に」委ねることは原理的にできないとした。

ロックがその理由としたのが、『人間知性論』における「知性」の規定と深く関連する第二の人間の条件、すなわち、人間の持つ「知性」の「本質」は「外的な力によって何ごとかを信仰するように強制されえない」自律性にあるという条件であった。

「知性」をめぐる人間のこうした条件を前提にするかぎり、真の信仰と呼ばれるにふさわしいのは、各人が「知性」を用いて自ら「決定」し、それゆえに「心の内的確信」に裏づけられた信仰だけであることになる。したがって、ロックにとっては、政治権力によって他律的に強制された信仰はその名に値しないものであった。このように、ロックは、自律的な「知性」を備えているという人間の条件との適合性に依拠しつつ、人間を「永遠の救済」へとみちびく信仰のあるべき姿を描き、政教分離を正当化したのである。

政治的統治にかかわる三つの人間の条件

ロックは、信仰の場合と同じように、政治的統治についても人間の三つの条件に関連させせつつ意味づけている。

第一は、人間が「不死なる魂」のほかに「地上における現世的な生を持っている」という自明の条件であった。しかも、ロックによれば、人間のこの「現世的な生」は「もろく、はかない状態」にある。したがって、人間が「現世的生」を生きるためには、その「支え」としての「便益」をもたらす「外的なもの」が不可欠であること、これが、ロックのあげる第二の人間の条件であった。

そして、ロックは、この第二の人間の条件との関連において、政治的統治の目的の論証につながり、また、『統治二論』の主張と完全に重なる二つの論点を提示する。一つは、「現世的な生」を支える「便益」をもたらす「外的なもの」が、先にあげた「現世的利益」のうちの貨幣や土地といった「外的な事物」にあたることであった。もう一つは、いうまでもなく、この「外的なもの」が、各人の「努力と勤勉とによって獲得され、維持されなければならないこと」であった。

その上で、ロックは、「外的なもの」をめぐって顕在化する人間の第三の条件を指摘する。それは、「自らの労苦を払って必要に備えるよりも、むしろ不法にも他人の労働の成果を奪おうとする」人間の「堕落」という条件にほかならない。

いうまでもなく、「堕落」に根ざす人間のこうした行動様式は、「地上における生の快適さと幸福とに役立」つ「現世的利益」への各人の「固有権」を不安定なものにせざるをえない。そこから、ロックは、各人は「固有権」の不安定性を克服するために「相互扶助の契約」を結んで「政治社会」に移行し、「固有権」の「確保」を目的とするかぎりで正統性を持つ政治的統治の関係を樹立するとしたのである。これは、人間の道徳的分極がまねく「固有権」の不確実性を克服するために政治的統治が不可欠となるとした『統治二論』の場合と完全に重なる論理であった。

もとより、『寛容についての手紙』におけるロックは、人間が「政治社会」に移行する場合にも「自分がいかなる信仰、いかなる礼拝を持つべきか」を決定する各人の「権威」が「放棄」されることはないとして、政教分離の原則の確認を忘れなかった。それは、ロックが、人間の「固有権」のうちの「自由」に「救済への配慮」の自己決定権をふくめ、「寛容への権利」を「自然権」とみなしていた以上、当然のことであった。

ここにおいて、『寛容についての手紙』が、人間における「政治的なもの」の位置づけにおいて『統治二論』とまったく同じ立場に立っていたことが理解できるであろう。両者は、「魂への配慮」をふくむ神への義務の遂行に不可欠な「基体」である「固有権」を非政治的領域として聖域化するために、その「固有権」を保証するものとして政治的統治を呼びだしている点で完全に符節《ふせつ》をあわせているからである。

以上のように、寛容論のロックは、人間の条件に引照しながら、その条件にふさわしい信仰と政治的統治とのあるべき姿を描き、政教分離の正当性を弁証したのである。

ロックは何をしようとしたか――宗教的個人主義

では、ロックは、そうした論理を展開することによって全体として何をしようとしたのだろうか。『寛容についての手紙』に「義務」という言葉が頻出《ひんしゅつ》する事実が示唆するように、ロックが寛容論の展開を通してしようとしたのは次のことであった。それは、「神学的パラダイム」に関連づけながら、人間が現世において営む信仰生活と政治生活との固有性を維持し、政教分離をつらぬくために要請される生の規範的なあり方を示すことであった。ロックが、人間の信仰生活にもとめた規範からみていくことにする。

前述したように、ロックが「不死なる魂」を持つ人間の信仰生活の規範的なあり方としてまずもとめたのは、神への「最高の義務」として「魂への配慮」に努めることであった。その場合に注目すべき点は、ロックが、各人の「救済への配慮」は「彼自身のみに属する」としているように、その「配慮」が神に対する個々人の義務として徹底的に個人化されたことである。

もとより、その個人化を支えていたものは、その「配慮」をみちびく各人の「知性」の自律性であった。その意味で、ロックが人間の信仰生活について要求した生の規範的な形式は、「知性」の自律性という条件に裏づけられた宗教的個人主義のそれであった。ロックの信仰観の中核をなすこの宗教的個人主義に関連して指摘すべき点が三つある。

第一は、一七世紀において、信仰の真実性の確証はどこからくるかをめぐって論争された「信仰の分析」問題について、当然のことながら、ロックが明確にプロテスタントの側に立っていたことにほかならない。当時、カトリックの側は、信仰の真理性の保証を教会の無謬《むびゅう》の権威にもとめる「権威原理」に立脚《りっきゃく》していた。それに対して、ロックは、信仰の確証を「知性」による各人の吟味に委ねることによって、プロテスタントの「検討原理」に完全に与《くみ》したのである。

指摘すべき第二の点は、ロックがこの「検討原理」に立つことによって深刻な難問に直面したことである。信仰の真理性の確証を各人の検討に委ねる立場は、「真の宗教」像が各人ごとに異なる信仰の主観化や相対化をまねく危険性を本来的にはらんでいた。もとより、カトリックによるプロテスタント批判の一つの核心もそこにあった。

しかも、『人間知性論』以降は人間の「知性」能力の限界をみとめていたロックの場合、「検討原理」は、信仰の主観化に加えて、その可謬性をみちびく可能性をも秘めていた。他方、ロックは、「君主」が「真の宗教」として制定する体制宗教が国ごとに異なることの不合理性を批判して、「ただ一つの天国への道しかない」としていた。その結果、ロックは、人間の有限の「知性」が「ただ一つの天国への道」をなぜ発見できるのかという難問に直面することになったのである。

それに対してロックが打ちだしたのは次のような視点であった。それは、各人の信仰を「真の、そして救済をもたらす宗教」にするための不可欠な要件を、「心の内的な確信」に立ってそれをひたすら「信じる」ことにもとめる視点であった。ロックによれば、「真の宗教の生命と力とのすべては心の内で完全に納得するという点にある」からである。

その意味で、ロックは、宗教的個人主義を生きる各人の信仰が相対性や可謬性を持ちうる危険性を、信仰を真の信仰にする「心の内的な確信」という視点によって断ち切ろうとしたといってよい。

宗教的個人主義に関連して第三に指摘すべき点は、ロックの教会論がその個人主義の延長線上にあったことである。『寛容についての手紙』におけるロックの教会概念は、E・トレルチ以来の伝統的な分類でいえば、人が「ゆりかごから墓場まで」の一生をその下で送る「キルへ」型ではなく、同じ信仰を持つ者の自発的な集合体としての「ゼクテ」型であった。
ロックは、まず、「いかなる人も生まれながらにある教会の一員であるわけではない」として、カトリック教会やイングランド国教会のような「キルヘ」型教会を否定した。その上で、ロックは、教会とは信仰を同じくする者の「自発的な結社」であると規定して「ゼクテ」型教会を本来の教会の形態とみなしたのである。

ロックのこうした教会概念から、それが宗教的個人主義の系として構想されたことが容易に理解できるであろう。その概念に立てば、各人は、次のいずれをも自分の意志で自由に選択できることになるからである。すなわち、信仰を共有する人々と新たな教会を作ること、教義が自らの「救済」に役立つと確信できる既設《きせつ》の教会に加わること、その確信が失われた場合には帰属する教会から離脱することにほかならない。

その点で、ロックの教会論は、神への義務として「魂への配慮」に努めるべき信仰生活を各人の責任に帰する宗教的個人主義から演繹されたものであった。

政治生活の規範

『寛容についての手紙』におけるロックは、信仰生活についてだけではなく、人間が「現世的な生」を支えるものへの「固有権」を確保することを目的として営む政治生活についても生の規範的な形式を提示した。

その場合、ロックは、そうした生の規範的形式を、政治的共同体を構成する「公民」一般、「聖職者」、「政治的為政者」それぞれに対してあたえた。それらに一貫するロックの関心が、宗教と政治的統治との固有性を守るための配慮であったことはいうまでもない。

ロックの政治＝寛容論において、ロックが「人民」あるいは「国民」と呼んだ人々、すなわち、政治社会を構成する「公民」にも、私的な権利である「固有権」を享受する「私人」としての側面があった。

寛容論におけるロックは、そうした「私人」としての「公民」に対し、神への義務として二つの生の形式を要請した。すでに述べたように、第一は自らの「魂への配慮」のために宗教的個人主義をつらぬくことであり、第二は「現世的な生」の手段である「外的な事物」を自らの「勤勉と努力と」によって獲得すべく努めることであった。

これらのうち、第一の生の形式から、自分や自分が属する教会とは信仰を異にする他人や他の教会に対する寛容の義務が生じる。これは、宗教的個人主義が前提とする信仰の相互主義の原則からいって当然の規範であった。

また、ロックが、「私人」としての「公民」に要求される第二の生の形式からみちびいたのは次のような行動規範であった。それは、異なった信仰を持つことを理由として他者の「現世的な共有物」を、直接的に、あるいは「政治的為政者」の手を借りて「侵害」したり「奪ったり」してはならないというものであった。いうまでもなく、現世的な事物は「宗教がかかわるべきことではない」からである。

他方、「公民」が「政治的共同体」の構成者として他者と共存しているかぎり、「公民」は「私人」として自己完結することはできない。そこから、他者との関係において「公民」にもとめられる生の規範的な形式が生じることになる。

ロックによれば、それは、「政治社会」から「立法権力」を委ねられた「政治的為政者」が制定する法にしたがって合法的に生きることであった。「現世的利益」をめぐる紛争を法によって解決することと以外に、神への義務の「基体」である「現世的な利益」を保証するために不可欠な「政治的統治」を維持する方法はありえないからである。

しかも、ロックにとって、「為政者」により「公共善のために政治的問題に関して制定された法」の「拘束力」は、「良心」のそれに対してさえ優先されるべきものであった。ロックは、その法が「良心」に反していると判断される場合であっても、その「私的判断」が「法の拘束力」を失わせるわけではないとして、各人は法による「処罰」を甘受すべきであるとしているからである。もとより、これは、ロックが、神との関係において「政治的統治」に固有の意味をあたえたことからの必然的な帰結であった。

次いで、ロックは、「聖職者」に対しても厳しい生の規範的な形式を課している。それは、端的に、「平和と和合との説教者」たるべき自らの「天職」に忠実に「政治的なことがら」には絶対に関与しないことであった。いかなる教派に属する「聖職者」であっても、政教分離の原則によって「人々に武器を手にするよう扇動《せんどう》し、また戦争のラッパを吹き鳴らしつづける」ことは許されないからである。

これは、ロックが、「打ち鳴らすドラム」によって「統治に関する誤った観念を流布させ」てきたとして「聖職者」を批判した『統治二論』から引きついだ視点であった。

「政治的為政者」の義務

しかし、ロックにとって、以上のような「公民」や「聖職者」の場合よりもはるかに切実だったことがある。いうまでもなく、それは、「政治的為政者」が自己に課せられた固有の目的をはたすために服さなければならない生の規範的形式を提示することであった。前にも述べたように、ロックは、政治権力がその目的を逸脱する危険性を潜在的に秘めていることに極度に敏感であったからである。

そうした自覚を持つロックにとって、「政治的為政者」にもとめられる生の規範的形式はこの上なく明確であった。それは、「為政者」に対して、「現世的利益」の保全だけにかかわる行為を義務づけ、「魂への配慮」に介入する一切の行動を厳禁するもの以外のものではありえなかったからである。その場合、ロックが、政教分離の原則に立って「為政者」に義務づけた以上のような生の形式に関連して注意すべき点が二つあるといってよい。

一つは、ロックが、「政治的為政者」による信仰問題への介入を禁じるにあたって、神が命じも禁じもしていない「非本質的なことがら」をも例外とはしなかったことである。すなわち、ロックは、「為政者」が、礼拝の日時や礼拝の際の着衣のようなことがらを、それらが「非本質的」であることを口実にして「宗教に持ちこんだり、宗教的集会に押しつける」ことを否定した。ロックによれば、「非本質的なことがらであっても、神への礼拝においてはすべて非本質的なものではなくなる」ことがその理由であった。

こうして、寛容論におけるロックは、「非本質的なことがら」への「為政者」の絶対的な統制を容認していた初期の権威主義的な立場を最終的に清算したのである。

ロックが「政治的為政者」にあたえた生の規範に関連して注意すべき第二の点は、その規範のうちに寛容対象の除外に関するものがふくまれていたことである。それは、「為政者」は「政治的共同体」における「政治的統治」を解体させるような信仰や意見を持つ人々を寛容の対象にすべきではないというものであった。

くりかえし述べてきたように、ロックにとって、「政治的統治」は、人間が神への義務をはたすための「基体」をなす「固有権」を保全する点で価値化されるべきものであった。したがって、こうしたロックが、「為政者」に対して、「政治的統治」に固有の価値を否定したり、それに反するような信仰や見解を持ったりする人々を寛容対象から外すことを義務としてもとめることは、きわめて自然なことであった。

そうした背景において、ロックが、「為政者」によって寛容に扱われてはならないとしたのは、次の四種類の人々であった。

まずそれに属するのは、信義則のような「政治社会の維持に不可欠な道徳的規則」を否定する意見の持ち主と、「統治権力を奪い取り、仲間である臣民の資産や財産を手に入れる」ことを意図して「寛容の義務」を否定する者とであった。また、カトリック教徒のように、「自国のなかに外国の支配権が確立されること」を容認する教会の構成員、「人間の社会の絆である約束、契約、誓約」の拘束をうけない「無神論者」も、寛容対象としてはならない人々であった。

ロックの寛容論の核心

このように、政教分離の原則に立って大幅な信仰の自由を主張したロックも、「政治的統治」の固有の価値をみとめる視点を持ちつづけたために、最後まで、普遍的な寛容を容認する立場に与することはなかった。その点で、ロックと、信仰に関する「絶対的な自由」をもとめた『寛容についての手紙』の英訳者ポップルや、無神論者をも寛容の対象とすることを要請したベールとの間には大きな距離があったのである。

以上みてきたように、ロックの寛容論が政教分離の理論形式を通して表出しようとした思想世界の核心は次の点にあった。それは、人間の条件のなかに固有の位置を占める信仰と「政治的統治」とに関連して、人間がそれらの固有性をともに維持するために現世における神への義務として服すべき生の規範を提示することであった。

その意味で、ロックの政治＝寛容論の系譜においては、政治論だけではなく、その「系」として展開された寛容論もまた、神と「神の作品」としての人間との義務論的な関係を中核とする「神学的パラダイム」に依拠していたのである。

では、ロックにおいて、政治＝寛容論の系譜とは別にたどられたもう一つの思想系譜である認識＝道徳論の系譜は、どのような歴史を持ち、どのような運命に見舞われたのであろうか。その点を『人間知性論』と『キリスト教の合理性』とを中心として検討することが次章の課題にほかならない。

第四章　生と知

――「神の作品」の認識＝道徳論

第1節　哲学と哲学者

二重の関係

政治＝寛容論の系譜とは別にたどられた認識＝道徳論の系譜におけるロックのもっとも成熟した思想を伝える作品は、『人間知性論』であり、『キリスト教の合理性』であった。しかし、これらの二つの作品が同一の系譜に属することはたしかだとしても、両者の関係は必ずしも自明ではない。『人間知性論』が人間の認識能力の吟味を目的とし、『キリスト教の合理性』がキリスト教の解釈を意図したものであった点で、両者の間には距離があるようにみえるからである。

したがって、本章を、まず、両作品が同一の系譜のなかで密接に関係していたことを簡単に指摘することから始めることにしたい。それによって、本章の叙述が以下のようにいささか複雑な順序を踏むことになった理由もあきらかになるであろう。

第二章で示したように、『人間知性論』と『キリスト教の合理性』とは、ともに「神学的に基礎づけられた道徳」の認識＝論証問題を対象としている点で、たしかに同一の系譜に属していた。しかも、そうした共通の問題枠組みのなかで展開された両作品が、二重の意味で深く結びついていたことも否定できない。詳細はのちに譲るが、それは、挫折と達成という言葉でそれぞれを呼ぶことのできる次のような二つの関係においてであった。

第一の挫折の関係とは、『人間知性論』を書くことによって成し遂げようと考えたことを完《かん》遂《すい》できなかったロックが、その挫折を補塡《ほてん》するために『キリスト教の合理性』を執筆したことを意味している。したがって、その点を解明するためには、ロックが『人間知性論』を書くことによって何をしようとし、また、それに成功したかどうかを突きとめることが不可欠になるといってよい。

第二の達成の関係という場合、それは、『キリスト教の合理性』におけるロックが、キリスト教の理解を試みるにあたって、『人間知性論』で達成した理論的成果を積極的に活用した事実を指している。この場合には、たとえば、『人間知性論』における啓示と理性との関係や奇跡をめぐるロックの哲学的見解が、『キリスト教の合理性』においてどのように生かされたかが重要な意味を持つことになるであろう。

『人間知性論』と『キリスト教の合理性』との間の一般的な関係は、以上のようなものであった。そうであったとすれば、その関係を具体的にあきらかにするためには、次のような順序にそった分析がもとめられるといってよい。まず、『人間知性論』が認識論の作品になった理由を探り、次いで、『キリスト教の合理性』に示されたキリスト教論の特質を、『人間知性論』における思想的挫折と理論的な達成とに関連づけながら分析するという手順がそれである。

以下、こうしたやや複雑な順序にしたがって叙述を進めながら、徐々に、ロックにおける認識=道徳論の系譜の思想的核心に接近していくことにしたい。最初に突きとめなければならないのは、ロックがなぜ認識論哲学者になったかである。

デカルトの嘆き

哲学と呼ばれる学問について、一つの逆説的な事実を指摘することができる。それは、各哲学者が普遍的な真理をめざして生みだした知の体系が、その主題や方法や結論において分裂しあったまま併存している事態にほかならない。哲学においては、厳密な意味で学説の発展をみいだすことが難しく、その結果、哲学の歴史を書くことも容易ではない事情も、哲学という知のそうした相互分裂的な性格に起因しているといってよい。

たとえば、『方法序説』におけるデカルトのよく知られた次のような嘆きは、普遍性への志向と相互分岐とが共存する哲学的知の逆説をよくいいあてている。「哲学はもっとも卓越《たくえつ》した精神によって幾世紀このかた発展させられてきたにもかかわらず、いまだに何一つとしてそこで論争の種にならぬものはなく、したがって、疑わしくないものは一つもない」。

しかも、皮肉なことに、そうした認識に立って、数学を方法的なモデルとして普遍的な学の体系の確立をめざしたデカルト主義が、近代の哲学界を二分するような大きな論争を引きおこすことにもなったのである。

もとより、普遍知をめざす哲学がなぜ相互分裂的な性格を帯びざるをえないかについては、これまでに数多くの説明が寄せられてきた。以下の二つを、とくに有力な例としてあげることができる。

第一の例は、哲学の分裂因を、哲学で用いられる概念や言葉が多義的で、指示する対象に共通性がみられないことに帰する立場である。それを代表するのは、哲学をめぐる紛糾《ふんきゅう》を克服するために哲学を用語の新たな「定義」から始めるべきだとしたホッブスであった。言葉の意味に厳格な唯名論者としてのホッブスには、実体や形相のようなアリストテレス以来の哲学用語の多義的な使用と哲学の分裂とが相関していると考えられたからである。

ロックもまた、ホッブスと同じような視点に立っていた。ロックが、とくにスコラ哲学を念頭に置きながら哲学の混乱因の一つとして指摘したのも、「曖昧《あいまい》で意味表示のないさまざまな話法形式や言語の誤用」であったからである。

第二の有力な例は、哲学が分岐する究極因を、哲学者の世界観を規定する階級的な利害関心の分極にもとめる立場である。マルクス主義に特有のそうした観点に近いものとして、存在が観念に先立つという立場をマルクス主義と共有する知識社会学的な説明をあげることができるであろう。それによれば、哲学の分裂因は、哲学者が置かれた社会的な存在様式の差異による知の被拘束性《ひこうそくせい》にあるからである。

フィヒテとカント

しかし、以上のような説明に比べて理論的にははるかに素朴でありながら、むしろそれゆえに、哲学の相互分裂的な性格の原因に関するより生き生きとしたイメージをあたえるもう一つの解答例がある。それは、一七九七年に刊行された『知識学への第一序説』におけるJ・G・フィヒテの次のような見解にほかならない。

フィヒテがその著作において直面したのは、「自我の自立性」の優位を説く「観念論」と、「物自体の自立性」を強調する「独断論」との「絶対的な不協和性」という問題であった。しかも、その場合、フィヒテによれば、「理論的には両体系は同等の価値を有して」おり、したがって、哲学者がそれらのどちらを選択するかは、結局のところ、人間としての彼らが持つ「傾向性や関心」の相違に帰着するという。すなわち、フィヒテにとって、「観念論者と独断論者との差異の最終根拠」は、端的に、哲学者が「自己の自由と絶対的自立性と」を信じる人間であるか、そうではないかにもとめられるものであった。

そこから、フィヒテは、哲学の分裂因に関する次のような一般的命題をみちびくのである。「人がどのような哲学を選ぶかは、その人がどういう人間であるかによっている。哲学体系は恣意《しい》的《てき》に捨てても拾ってもよい死せる家具ではなく、それを保持する人間の精神によって生命を吹き込まれているからである」。

もとより、思想史家は、このように、それぞれの哲学の個性を哲学者に独自の人格類型や精神構造によって決定されるものとみなし、哲学を哲学者の人間的性格に依存する主観的なものと断定することには慎重でなければならない。現実とはいかに無関係にみえる思想であっても、歴史的文脈との接点をまったく持たないまま思想家の精神のうちに封鎖される自己完結的な「窓のないモナド」ではありえないからである。

たとえば、超越論的なイデア論に依拠してポリスにおける「正義」の問題を抽象的なレベルで論じたプラトンの『ポリテイア』はそれを示すものであった。きわめて観念的にみえるこの作品も、プラトンが「知恵と正義とにおいて比類なき人」と呼んだソクラテスを刑死へと追いやったアテナイの現実を背景として構想されたものであったからである。

けれども、哲学の分裂因を哲学者の人格的傾向性の相違にもとめるフィヒテの見解には、単なる独断としてすますことができない真実がやはりふくまれているといってよい。一般に、哲学が、ある問いへのある仕方による解答の一形式であるとすれば、それが、多くの可能性のなかから、ほかならぬその問題とその方法とを選択した哲学者の人間的個性とまったく無縁であるとは考えにくいからである。その例証として、フィヒテ自身とカントとをあげることができるであろう。

フィヒテは、「私の体系は自由の概念の分析以外の何ものでもない」として、「自我」が自己自身を定立することによって成り立つ人間の自由への道を探りつづけた哲学者であった。

こうした「自我」の自由の哲学というフィヒテの哲学の形式は、たしかに人間フィヒテの実存の形式と構造的に照応《しょうおう》する関係にあった。フィヒテは、何よりも精神的隷属を嫌い、「自己の自由と絶対的自立性と」を信じる人間として自らの主観性をつらぬこうと願った人物であったからである。その意味で、フィヒテの場合、哲学者における哲学の選択と人間性との相関を説いた自説を実証するかのように、自由の哲学と自由をもとめる「自我」とは固く結びついていた。

また、カントについても、同様の事情がみとめられる。その点を鮮やかに解きあかしたのはE・カッシーラーであった。

カッシーラーが出発点に置いたのは、「カントの場合のような厳密な節制は、この人の生得的な諸傾向に適《かな》う哲学を要求した」というゲーテの言葉への同意であった。そこから、カッシーラーは、カントにおける「哲学」と「人格」、「学の形式」と「生の形式」との「相互関係」に注目して、「カントが一個の個性的な思想家として何であり、何を意味するか」を理解しようとした。「カントの生の歴史と、その学説の体系的発展とを一体として把握すること」に成功したカッシーラーの『カントの生涯と学説』は、カント研究において古典的位置を占めるその成果であった。

認識論優位の哲学

こうしたフィヒテやカントの例が示すように、一人の哲学者のうちに、学問的個性と人間的個性、「学の形式」と「生の形式」との相関関係がみとめられるとすれば、ロックについても一つの意味ある問いを立てることができる。それは、ロックが、どのような人間として自らの生を生きたがゆえに、その哲学をいわゆる認識論に定めたかにほかならない。

その場合、われわれが知っているロックとは次のような人物であった。神の摂理との一体化によって身につけた「神学的パラダイム」を、人間の世界を理解する枠組みとしてだけではなく、自らのアイデンティティの根拠としても生きた敬虔なクリスチャンであったことである。したがって、以下の叙述では、ロックの認識論の内容やその哲学史的位置を分析することよりも、人間ロックがクリスチャンであったことと、彼が認識論哲学者になったこととの内的な関連を考察することに力点が置かれることになる。

ロックの哲学上の主著である『人間知性論』は、「私たち自身の知性を調べ、私たち自身の能力を吟味して、どんな事物に知性や能力が適合するかを検討すること」を直接の主題とした作品であった。たしかに、ロックは、二〇年以上にわたってこの主著の完成に心血をそそぎ、全四巻からなる大部の作品を後世への偉大な知的遺産として残すことになった。

しかし、実は、ロックが、自らの哲学の主題をなぜ人間の知性や能力を批判的に吟味する認識論に定めたかについては、一般的にみとめられた定説があるわけではない。その主たる原因は次の点にある。ロック自身のものもふくめて、その理由に関する具体的な証言が少ないことにほかならない。

その意味で、ロックがなぜ認識論優位の哲学を築いたかは、今なお開かれた問題であるといってよい。しかし、ロックを取り巻く知的な環境から推察するかぎり、その理由については、さしあたり、比較的蓋然性《がいぜんせい》の高い以下の三つの説明が可能である。

第一の説明は、ロックが、一七世紀におけるパラダイム転換をもたらした近代自然科学の認識形式を哲学的に反省し、自覚化することによって認識論者になったとする説明である。たとえば、『人間知性論』が書かれた文脈を一七世紀の「科学革命」にもとめ、ロックの認識論における経験の重視をシドナムやボイルといった科学者との交流の結果とみなす見解は、そうしたものであった。『人間知性論』において自然科学に関することがらへの言及が数多くみられる事実も、そのような見解を後押しする論拠になりうるといってよいであろう。

第二の説明は、それを、デカルトとガッサンディ、より決定的にはデカルトからの影響にもとめるものである。たしかに、この説明には十分な根拠があるといってよい。前にもふれたように、ロックは、自らを「当代のスコラ学で用いられている哲学の語り方の不可解な方法」から「解放」し、確実な認識をもたらす「哲学的探究の方法」への眼を開かせてくれた「恩義」をデカルトに帰しているからである。

さらに第三の説明が可能である。それは、思想史的な観点に立って、その理由を、ロックが同時代の歴史的現実のなかにみていた認識問題との関連にもとめるものにほかならない。ロックが、「学者」としての歩みを始めたのは、政治的対立と宗教的分裂とが連動し、すべての主張や見解が党派性を帯びて相対化せざるをえない状況下においてであった。そうした事実を背景にして、ロックが普遍的な「真知」をもとめる認識論者になったのは、時代状況のうちに「公平無私な真理」への道を閉ざす「党派的熱狂」の支配をみたからだとする第三の説明が成り立つのである。

精神の衝迫

以上の三つのうち、第一、第二の説明にはともに無視できない蓋然性があるといってよい。ロックが、「科学革命」の推進者たちと同一の知的サークルに属していたことも、デカルト体験によって「哲学的覚醒《かくせい》」をうながされたこともまぎれもない事実であったからである。また、あらゆる意見を党派性が引き裂く世界を生きることによって、ロックが客観的な真理への道を志したとする第三の説明も決して不自然ではない。

しかし、それら三つは、ロックがなぜ認識論者になったかの説明としてなお不徹底であるといわなければならない。それらは、ロックが、近代自然科学の認識形式に反応し、デカルト哲学を確実な認識をみちびく方法の探究としてうけとめ、時代のうちに真理を覆い隠す認識問題をみてとった内在的な理由の説明を欠いているからである。

ここにおいて、ロックが認識論者になった理由をめぐる第四の説明がもとめられるであろう。その理由を、哲学史的文脈や歴史状況からいわば外在的に説明するのではなく、フィヒテの提唱にそって、むしろロック自身の内的な精神のあり方に即して説明する方法がそれである。もとより、その方法は、ロック哲学の認識論的性格と、クリスチャンとしてのロックの人間的個性との照応関係に注目するものにほかならない。

ロックがなぜ認識論哲学者になったかをロック自身の人間的個性のうちに探ろうとする場合、人は、その理由について、ごく自然に一つの推測を立てることができる。それは、ロックという人間は、精神の奥深くにどうしても知りたいことを強迫観念のようにかかえていたからこそ、その認識根拠をもとめて人間の認識能力の吟味に向かったのではないかという推測にほかならない。何か切実に知りたいと願う精神の衝迫《しょうはく》がないかぎり、それを現実に知るための方法や、それに必要な能力をめぐる認識問題へのさしせまった関心が生まれる可能性も低いと考えられるからである。

二つの論拠

もとより、こうした推論はあまりにも素朴であり、哲学を常識レベルに引き下げるものだという批判があるかもしれない。けれども、認識論の前提に、ある対象を何としても知りたいという知的願望の存在を予想するその推論は、ロックの知的活動の真相をおそらくほぼ正確に衝《つ》いているといってよい。それを示唆する論拠を二つあげることができる。

一つは、ロック自身、『人間知性論』の執筆を思い立たせたものが、事物を認識する「自分たち自身の能力」を吟味する本来の認識論とは「たいへんにかけ離れたある主題」をめぐる紛糾であったと述べている事実にほかならない。これは、ロックにおける認識論の本格的な展開に先立って、「自分を悩ます疑惑の解決」をはたそうとする知的衝動があったことを十二分にうかがわせるからである。

その点を示唆する第二の論拠として、ロックが、自らの精神を内観《ないかん》し、直叙法《ちょくじょほう》にしたがってそれを作品のうちに表出した哲学者であった事実をあげることができるであろう。ロックが、自分の思想を「ただ自分自身の精神から紡《つむ》ぎだし」て作品化した思想家であったとすれば、『人間知性論』の背後にも、ロックを認識論へとかりたてた何ものかがひそんでいたと考えられるからである。

その意味で、たとえば、カッシーラーが先にあげた著作のなかでカントについて行った次の指摘は、「自分が何者であったかは作品に示されている」といった趣旨《しゅし》の言葉を残したロックについてもあてはまるといってよい。「なぜなら、その人の個性が作品と堅固《けんご》に融合し、表面的には作品中に見失われているが、それでもその人の精神的な特色の数々が作品のなかに保たれ、作品によって初めて明瞭《めいりょう》となり可視的となるような、そうした有様《ありさま》を追跡することが、やはり偉大な思想家の生を叙述する際の本質的な課題でありつづけるからである」。

以上の事情に注目するかぎり、ロックが認識論哲学者になったのは、その精神のうちに真に知りたいことへの主観的な衝迫をかかえる人間であったからであるという推測に、まず大きなまちがいはないであろう。しかし、問題はその先にあるといわなければならない。ロックが、何を、なぜ真に知りたいと願ったかがあきらかにされない以上、ロックにおける哲学のあり方と人間的個性との具体的な照応関係をたどることもできないからである。カッシーラーがカントについて「追跡」したように、ロックが何を真に知りたいと思っていたかを、『人間知性論』の叙述のなかに探ってみよう。

第2節　生と知との相関

学問の三区分

『人間知性論』におけるロックは、内観の哲学者にふさわしく、自分の信念や確信をおどろくほど率直《そっちょく》に語っている。しかし、そうしたロックも、何を知るために認識論の探究に向かったかについては具体的な証言を残さなかった。前に指摘したように、ロックがただ一つ述べているのは、それが、人間の認識能力批判という『人間知性論』の直接的な課題とは「たいへんにかけ離れたある主題」であったという抽象的な言葉にとどまるからである。

ロックがその主題について自ら語らなかった理由は、それがロックにとってはあえて語る必要がないほど自明なものであったからという推測が成り立つ以外、よくわからない。しかし、『人間知性論』には、ロックがどうしても知りたかったものが何であったかをつきとめるための手がかりがないわけではない。「知性の対象の自然の区分」に関するロックの説明がそれである。

『人間知性論』におけるロックは、人間の認識能力の考察をすべて終えたあと、その総括《そうかつ》にあたる最終章において、知性の対象を基準として「学問」を次の三つに区分している。

第一は、「それ自体の固有のあり方にあるがままの事物、その構造・特性・作用についての知識」である。ロックは、ここにいう「事物」には「物質や身体」だけではなく「精神」もふくまれるとした上で、その「知識」を広義の「フィシカ」あるいは「ピュシケー」、すなわち「自然学」と呼ぶ。

「学問」の第二の区分は、ロックが「プラクティケー」と総称するものであり、「善き、そして有用なものごとを達成するためにわれわれ自身の力能や行為を正しく用いる技能」である。ロックが、この「プラクティケー」のなかで「もっとも重要なもの」としたのは、「幸福にみちびく人間の行為の準則・尺度、そうした行為を実践する手段」の探究を目的とする「倫理学」であった。

ロックが、学問の第三の区分としてあげるのは、「セーメイオーティケー」あるいは「ロギケー」である。これは、「事物を理解し、事物についての知識を他の人に伝達するために精神が使う記号の本質を考察する」ことを任務とするもので、記号論、実質的には言語学を指すものであった。

学問の名をギリシャ語で呼んでいることが示唆するように、ロックが、おそらくアリストテレスを念頭に置きつつ行った学問のこうした分類は、知の対象の「自然の区分」にもとづいて形式的にみちびかれたものであった。したがって、そこからは、真に知りたかったものを示すロックの肉声は伝わってこないようにもみえる。

しかし、ロックの視点に立つかぎり、ロックがそれを知るために認識論を展開したものは、自然学が扱う事物の「構造・特性・作用」、倫理学の主題をなす「人間の行為の準則」、言語学が対象とする「記号の本質」のいずれかに限定されるといってよい。ロックによれば、「知的世界」を構成するそれら三つの対象は「およそ人間の知性の範囲内に入ることのできるすべて」であり、「そのどれかのほかには人間が自らの思惟を携《たずさ》わらせることのできるものは何もない」からである。

その点で、ロックが何を真に知りたかったかをめぐる問題は、ロックの精神にとって、知の三つの対象のどれがもっとも強く知ることへの衝迫を引きおこすものであったかに帰着するといってよい。

消去法

ロックが真に知りたかった対象について可能性の低いものから消去していくとすれば、ロックのいう知の第三の対象、すなわち、言葉や記号の本質をそうしたものの最初にあげなければならない。ロックのうちで、それへの関心は、認識論の展開にともなっていわば事後的に生じたものであったからである。

ロックの次のような告白が、その点を何よりも雄弁に物語っている。「私は、知性に関する論議を始めた当初、また、かなりあとまで、言葉の考察がその論議のために必要だとはいささかも考えなかった。私は、われわれの観念の起源と構成とを論じ終え、真知の範囲と絶対確実性とを吟味し始めたとき、知識が言葉ときわめて密接に結合しており、言葉の力と意味表示の仕方とをまず十分に観察しなければ、知識についてほとんど何も明晰かつ適切なことはいえないことに気づいたのである」。

このように、ロックを認識論の構築へと促したものは、言葉や記号の本質の問題ではなかった。では、ロックにとって、真に知りたかったものが、学問の第一の区分としてあげられた自然学の対象、すなわち、人間の身体と精神とをふくむ事物の「本性・構造・作用」であった可能性はあったのだろうか。

前にも述べたように、医学をふくむ自然学への関心は、オックスフォード時代以来、ロックが一貫して持ちつづけたものであった。『人間知性論』においても、その関心は、たとえば、次の三点にみてとることができるであろう。感性的存在としての人間の身体問題の分析、物質の最小構成要素に関するボイルの「微粒子説」への言及、「固性・延長・形・可動性」のような物体の「一次性質」と、それが観念として生みだす「色・音・味」のような物体の「二次性質」との区別がそれである。

そうした点に注目するかぎり、ロックが真に知りたいと希望したものを、人間の身体の生理的メカニズムや物体の「構造・特性・作用」に関する「思索的真理」にもとめることには無視できない理由があるといってよい。それは、『人間知性論』を読み解く鍵として、ロックの医学への関心や「科学革命」との関係を重視する解釈が少なからずみられることからもうかがうことができる。

しかし、こうした解釈にもやはり無理がある。ロックは、人体をめぐる理論よりも実践的な臨床に医学的な関心を向けており、また、「自然学」の構築を「偉大なるホイヘンスや比類ないニュートン氏」に委ねていたことがその理由にほかならない。

その点で、ロックが、シドナム、ホイヘンス、ニュートンらを「巨匠」と呼び、自らを「真知への道に落ちているごみくずをいくらか片づける下働き」と規定した事実は、単なる比喩以上の意味を持っていたと考えることができるであろう。それは、ロックがもっとも切実に知りたかったものと、医学や自然学の対象との範疇的な異質性を暗示しているといってよいからである。

残された可能性

以上のように、ロックが真に知りたかったものが、記号論と自然学とが対象とするものではなかったとすれば、残された可能性は一つしかない。ロックのいう「プラクティケー」あるいは「倫理学」の対象、すなわち、実践的な人間の行動規範、より具体的には「宗教と人間の全義務とをふくむ」道徳規範がそれである。次の二つの事実を、その点を示唆する有力な傍証としてあげることができるであろう。

一つは、友人のティレルが、ロックに人間の認識能力の吟味を思いたたせるきっかけとなった「議論」は「道徳の原理と啓示宗教」をめぐる問題に関して始まったという証言を残している周知の事実にほかならない。ティレル自身がその「議論」に加わっていた点で、この証言はきわめて信憑性《しんぴょうせい》が高く、ロックの精神を占めていた関心の所在をよく示していると考えられるからである。

第二の傍証として、ロックが『人間知性論』の「機縁」を自ら説明するにあたって、次のような叙述の順序を踏んでいる事実をあげることができる。それは、ロックが、現世における人間の「務め」は「自分の意見にもとづく行動」を「律すべき尺度」を「みいだす」ことであるとしたのにつづくパラグラフで、「こんなわけでこの『人間知性論』は生まれた」と述べている点にほかならない。こうした叙述の順序は、ロックの精神の秩序や思考の流れのなかで、神が定めた人間の道徳的な行動規範とその認識問題とが密接に結びついていたことをうかがわせるからである。

その意味で、ロックの場合、次の二つの判断はあきらかに照応していたといってよい。「人間の精神が大いに立ち向かおうとする若干の探究を満足させる第一歩」は人間知性の吟味であるという判断と、「道徳論や神学こそ、知識のうちで人々が明確にしようともっとも心がける部分である」という判断とがそれである。

人をクリスチャンにする二つの基準

以上みてきたように、ロックが認識論への道を選んだのは、「神が人間の行為に対して定めた法」をこそ真に知りたいと願う人間であったからであると考えて、ほぼ誤りはない。しかし、ロック哲学の認識論的形式とロックの人間的個性との相関関係についてのこうした結論には、まだ一つの難問が残されている。それは、ロックにとって、神があたえる人間の道徳規範を知ることがなぜ切実な課題とならざるをえなかったかにほかならない。この問題を解くためには、クリスチャンとしてのロックがその心の奥深くにかかえていた一つの深刻なジレンマにあらためて注目する必要がある。

くりかえし指摘したように、ロックは、終生、クリスチャンとしての強固な自己意識を持ちつづけた人物であった。その場合、ロックには、何が人をクリスチャンにするかについての基準があった。

第一の基準は、「私にとって、聖書は、いついかなるときにも、同意のための一貫したみちびき手である」というロック自身の言葉が示すように、聖書を「無謬のみちびき手」としてみとめるかどうかであった。のちにふれるように、きわめて常識的で一般的にみえるこの基準は、晩年のロックにおいては重要な意味を持つことになる。

第二の基準は、いわばネガティブなものであって、各人の形式的な宗派的帰属、たとえば、人が「イングランド国教会の一員であるかジュネーブ教会の一員であるか」はクリスチャンであることの証明にはならないという判断であった。もとより、これは、宗教界の分裂がとめどもなく進行し、「神々の闘争」が常態化する時代状況へのロックの自然な反応であった。

その結果、ロックが、各人の自律的な宗教的判断を重視する宗教的個人主義に傾斜したこと、それが招きかねない信仰の相対化への歯止めとして信仰に対する「心の内的な確信」の必要性を強調したことについてはすでに述べた通りである。

第三の絶対的な条件

ロックには、以上のような基準に加えて、何が人をクリスチャンにするかに関するより積極的な第三の基準があった。現世に生きる人間に対して、生きるに値し、来世における救済を保証する善き生を送るための「十全な規範の体系」をあたえてくれる「慈悲深い神」の存在を信じるかどうかがそれである。

すなわち、ロックにとっては、人間の善き生の道徳的指針として「われわれにとって最善であり、われわれが黙従すべきもの」を示してくれる「神の御手《みて》」へのゆるぎのない信仰を持つことが、人をクリスチャンにする絶対的な条件であった。もとより、それは、神と「神の作品」としての人間との義務論的な関係を中核とする「神学的パラダイム」に立つロックがもとめるべき当然の条件でもあった。

けれども、クリスチャンであることの条件を「最善のものへとわれわれの行動をみちびく」

神の存在への信仰にみいだすロックのこうした視点には、パスカル的な「隠れたる神」の問題にも通じるような難問がはらまれていた。人間の善き生をみちびく規範は「神の御手によって直接にわれわれの精神に刻印され」た「生得原理」ではなく、したがって、神は、人間がその規範を認識するまでは、事実上、「沈黙する神」のままにとどまることがそれである。

たとえば、『人間知性論』に示された次の言明は、ロックの認識論におけるそうした「神の沈黙」の問題の存在を強く示唆しているといってよい。

「神は、私たちの関心事の大部分について、人間がこの世で置かれた凡庸《ぼんよう》と試練との状態にふさわしく、蓋然知という薄明《はくめい》だけを私たちにあたえた」。

ロックが、この言明によって暗示したのは、あきらかに次のことであった。それは、人間に善き生を送るための指針となる道徳規範をあたえようとする神の意志は「蓋然知という薄明」のなかに隠されていることにほかならない。

ロックのジレンマ

ここにおいて、ロックは一つの深刻なジレンマに直面したといってよい。ロックは、一方で、善き生の規範をあたえようとする「慈悲深い神」の意志に全幅《ぜんぷく》の信頼を寄せながら、他方で、神のその意志が「薄明」のうちに隠されていることをみとめざるをえなかったからである。

しかも、ロックにとって、こうしたジレンマは決して放置されてはならないものであった。それを放置すれば、ロックの人間は、神の意志を規範として生きるべきクリスチャンとしての善き生を送ることができず、その結果、人間に「最善のもの」を恵与《けいよ》してくれる神の存在それ自体を無に帰することになってしまうからである。

ロックにとって、こうした事態は、「人間存在の方向づけのための十全な規範の体系」をあたえてくれる「慈悲深い神」への信仰に成り立つキリスト教それ自体の解体を意味するものであった。そこから、ただちにあきらかになるのは、ロックが、神の意志として示される道徳規範を知りたいと願った究極的な理由が次の点にあったことである。それは、神が「蓋然知という薄明」のうちに置いた人間の善き生の規範を認識することがキリスト教の存立根拠そのものをなしていることにほかならない。ここからロックの精神は、新たな段階へと移行することになる。

「巡礼の日々」

ロックは、神の意志への絶対的な信仰と「神の沈黙」とのジレンマを解決するために、まず次の点を確認した。それは、「蓋然知という薄明」のうちに隠された神の意志を人間の善き生をみちびく規範として発見する努力が、神によって課せられた「人類一般の義務」であることであった。ロックによれば、神が人間の行為の規範を「薄明」のうちに置いたのは、「この巡礼の日々を、勤勉さと細心の注意とをもって私たちを大いなる完全の状態へとみちびく道を探究し、それにしたがうことに用いるように」との「絶えざる警告」のためであったからである。

ロックが、『人間知性論』において、「私たちが道徳規則の絶対確実な真知に至らないとすれば、それは私たち自身の落度《おちど》なのである」と断言したのは、そうした文脈においてであった。

しかも、その場合、ロックに対して、隠された神の意志の発見を人間の義務とみなすことを可能とさせた認識論上の理由があった。それは、神は創造に際して人間に「おのが造物主を知り、自分自身の義務を理解するのに十分な光」、すなわち理性をあたえたという視点にほかならない。神が人類に理性能力を付与した以上、隠された神の存在と意志とを探究し、発見することは、あげて「理性的被造物」としての人間が負うべき神への義務にならざるをえないからである。

パスカルとロック

その点に関連して、興味深いことがある。それは、人間が神の存在と意志とを「理解するに十分な」理性能力を持つことをみとめた点で、ロックにおける「隠された神」の観念が、先にあげたパスカルの場合よりも穏健なものとなったことにほかならない。人間の能力の絶対的な限界の自覚に立ち、神と人間との通路を「賭け」にもとめたパスカルにおいて、「隠された神」の観念はロックよりもはるかに徹底したものであったからである。

その徹底性は、たとえば、パスカルの「隠れたる神」の観念に関するL・ゴルドマンの次のような指摘からもうかがうことができるであろう。パスカルは「自らを隠す神の観念をその究極の形態にまで押しすすめ、神は人間にその意志ばかりではなく、その存在をも隠していると した」。

しかし、同時に、次の点にも注意しなければならない。それは、ロックが、神と人間との通路を人間の理性能力にもとめた以上、神の存在と意志とを認識する人間の能力の批判的吟味を課題として負わざるをえなかったことである。その意味で、ロックを認識論者にしたのは、ロックにおける「隠れたる神」の観念の穏健さであったということもできるであろう。

生と知との統合

以上のように、ロックにおいては、人間は神の意志を知る理性能力を付与されており、しかも、それを知ることは「巡礼の日々」を生きる人間の義務とされていた。しかし、たとえそうであったとしても、ロックの人間が神の意志を現実に認識しうる保証は何もない。この段階での人間は、神の意志を認識しうる「理性的被造物」とされているだけで、「蓋然知という薄明」の奥深くに隠された神の意志をどのようにして知るかの具体的な手がかりはまだ何一つあたえられていないからである。

しかも、ロックの人間は、その手がかりを通して神の意志を実際に認識しないかぎり、クリスチャンにふさわしい善き生の道徳的指針を手にすることができない。ここにおいて、ロックが、人間はあたえられた自らの知性をどのように用いることによって隠された神の意志を認識することができるかを問うことは、きわめて自然な精神の動きであった。もとより、そこに生みだされたのが『人間知性論』にほかならなかったのである。

以上の考察から、ロックの哲学が認識論の形式をとった理由は次の点にあったと結論づけることができるであろう。ロックが、「薄明」の奥に隠された神の意志を知ることによって人間の善き生の条件を獲得しようとする切実な欲求のなかで、生と知とを統合しようと願うクリスチャンであったことがそれである。

その意味で、ロックを認識論者にしたのは、「神の沈黙」のうちに隠された人間の生の究極的な意味根拠を知性によって認識し、論証しようと考えた人間ロックに独自の精神のあり方であった。しかも、人間存在の生の意味への問いを広い意味で存在論と呼ぶことができるとすれば、ロックの精神のなかでは、その存在論と、存在の意味の探究を知性に委ねる認識論とが一体をなすものと考えられていたということができる。ロックの認識論の探究が、人間の生の指針である自然法の認識問題を扱った『自然法論』から始まったことは、その点を象徴するものであった。

けれども、ロックの認識論が存在論と結びついていたことを確認した地点でロックの認識論哲学の考察が終わるわけではない。われわれは、むしろそこから、新たな問いを立てることを迫られるからである。それは、ロックが、『人間知性論』の展開を通して、はたして、「蓋然知という薄明」の奥深くに隠された神の意志を認識し、論証することに成功したかどうかにほかならない。その点の検討が次節の課題をなしている。

第3節　信仰と理性との間

一六八九年の意味

『人間知性論』は、ロックが、自分の著作のうちで、「後世に長く賞賛される記念建造物」として残ることをどこかで期待しながら書いた唯一の作品であった。それは、ロックが、『人間知性論』の執筆に大変なエネルギーを費やし、また、「このもの知りの時代をあえて啓発する」とのひそかな自負をもってそれを書いたことからもうかがうことができるであろう。生前のロックが、『人間知性論』だけに自身の名を付して刊行した事実も、それに寄せたロックの愛着の強さを示している。

こうした事情に注目するかぎり、『人間知性論』が出版された一六八九年は、ロックの知的生涯における一つの画期的な年であったということができる。けれども、その場合に注意すべき点は、それが、いわば逆説的な意味においてそうであったことにほかならない。ロックの思索の歴史における一六八九年の画期性は、ロックが、『人間知性論』の出版と同時に、『人間知性論』を完成させるための新たな苦闘を強いられたことにあったと考えざるをえないからである。

事実、一六八九年以降のロックの以下のような動向は、ロックが、『人間知性論』の公刊によってかえってある未完の作品の著者となったことを強くうかがわせるといってよい。ロックは、死に至る最後の一〇年間、ほとんど間断《かんだん》なく『人間知性論』の改訂作業をつづけ、一六九四年に出版された第二版から没後一七〇六年に刊行された第五版まで、合計四つの増補版を残している。この事実から容易に推測できるように、ロック自身、『人間知性論』がなお未完成の作品であることを明確に自覚していた。そうした自覚がなかったとすれば、ロックが『人間知性論』の改訂作業に持続的に取り組むこともなかったと考えられるからである。

けれども、その場合、ロックにとっての最大の問題は、『人間知性論』の未完結性が、部分的な改訂や加筆によって克服できるようなものではなかったことである。それは、以下のような理由からであった。

前節でみたように、『人間知性論』は、「薄明」のうちに隠された神の意志、具体的には、人間の善き生の指針である「道徳の原理と啓示宗教」をめぐる認識問題を解決するための道筋をつけることを根本的な意図として書かれた作品であった。

このように、ロックが、『人間知性論』を、「道徳と宗教との偉大な目的」を保証するために書いたとすれば、次の課題として、ロックが、『人間知性論』を書くことによって実際にそれに成功したかどうかを問わなければならない。この難問を解く手がかりは、ロックが、『人間知性論』において、「宗教と人間の全義務とをふくむ」道徳を確立するために自ら設定した条件を充たすことができたかどうかにもとめられる。

道徳を確立するために

ロックは、『人間知性論』の最終章に予定していた「倫理汎論《はんろん》」という論稿において、「道徳を固有の基礎の上に確立するために」不可欠な条件に言及し、それを次の三つにみいだしている。

第一は、神の存在を証明することであった。道徳の基礎を一貫して神の意志にもとめるロックにとって、神の存在は「すべての宗教と真の道徳とがそれなしには成り立たない根本的な真理」にほかならなかったからである。

次いで、ロックがあげた第二、第三の条件は、神によって告示された「特定の規範」の存在を論証し、人間によるそれらの認識可能性を証明することであった。これらは、「薄明」のうちに隠されている神の意志を、人間の行為を現実に規定する道徳規範へと実定化《じっていか》するために欠くことができない条件であったからである。

けれども、「倫理汎論」が『人間知性論』の正文から外された事実が示唆するように、『人間知性論』のロックは、以上三つの条件を充たすことができなかった。事情は以下の通りである。

神の存在証明とその難点

『人間知性論』において、ロックは、神の存在証明のための二つの方法を採用した。一つは、「人間論的」あるいは「神人同型論的」証明と呼ぶことができるものである。それは、「われわれが、われわれ自身の構造のうちに誤りなくみいだすもの」の直観を通して、それを創造した神の存在を結論づける方法であった。もう一つは、「宇宙論的」証明といわれる方法である。これは「自然のうちに発見される秩序、調和、美」から造物主としての神の存在を因果論的に証明し、論証しようとするものにほかならない。

神の存在証明それ自体としてみるかぎり、ロックのこうした二つの方法は、批判に耐えうる説得力と歴史的意味とを持つものであった。それらは、たとえば、デカルト的な「存在論的」証明にひそむ同語反復的な空虚さを免れており、また、「科学革命」の時代にふさわしい神の存在証明の一つの典型を示しているからである。

しかし、ロック自身の意図に忠実に、道徳を「それ自体に義務をともなう基礎」の上に確立するための条件としてみるかぎり、ロックによる神の存在証明の方法は決定的な難点をはらんでいた。それは、そこにみちびかれる神が、「存在的な」性質を帯びるものになったことであった。『人間知性論』における神の存在はカント的な理性必然の「事実」として処理されており、したがって、その神は、全宇宙の法則性を統御する「存在的な」造物主の姿をとって現れざるをえなかったからである。

こうした事実は、ロックが、『人間知性論』において、道徳を真の基礎の上に確立するために必要だとした第一の条件を充足できなかったことを意味する。ロックの場合、道徳を告知する神は、「存在的な」造物主ではなく、「規範的な」救済者でなければならなかったことがその理由にほかならない。たとえば、自然法について救済に結びつく彼岸性を否定したホッブスや、自然法を自然法則に還元したスピノザとは異なって、ロックは、「宗教をふくむ」道徳規範の遵守《じゅんしゅ》を救済の前提に置いていたからである。

道徳を確立するために不可欠なものとされた他の二つの条件、すなわち、神があたえた道徳規範の論証と、その認識根拠の証明とに関しても、『人間知性論』は貧しい成果しか残さなかった。そこでのロックは、合理的倫理学と経験的倫理学と呼びうる二つの倫理学のごく断片的な論証を試みたにすぎず、また、道徳の論証可能性を強調するのみで、その認識論的根拠をほとんど示すことができなかったからである。

このように、『人間知性論』のロックは、持続的な努力にもかかわらず、「神学的に基礎づけられた道徳」の確立のために自らがかかげたいずれの条件をも充たすことができなかった。もとより、この挫折は、同時に、『人間知性論』が、その本来の意図をつらぬくことができないまま未完の作品に終わったことを意味するものでもあった。くりかえし述べたように、ロックが『人間知性論』の執筆に着手したそもそもの意図は、「道徳の原理と啓示宗教」にたしかな認識論的根拠をあたえるための序説を確立することにあったからである。

『キリスト教の合理性』へ

けれども、ロックが、こうした『人間知性論』の失敗を克服して、人間の善き生の指針である神の意志を論証しようとする努力を放棄したわけではない。それは、「神学的パラダイム」に立つロックには倫理的に許されなかったからである。

そうした背景においてロックが執筆に着手した作品が、晩年の大著『キリスト教の合理性』にほかならなかった。以下、『人間知性論』の挫折から『キリスト教の合理性』の誕生に至るロックの精神のドラマについて、もう少し詳しくみておくことにしよう。

前述したように、『人間知性論』には、それを三位一体論を否定する瀆神《とくしん》の書として神学的に告発した論敵E・スティリングフリートに代表される批判者がいた。しかし、それとは別に、『人間知性論』には、ロックに強い親近感を持ち、ロックの意図をよく理解していたことによって、かえってそれに不満をいだくことになった読者層があった。

たとえば、J・ティレルやW・モリヌーのように、ロックの思索に長期にわたって立ち会ってきた友人たちがそれである。しかも、その場合、彼らの不満には一つの大きな共通点があった。ロックに対して、『人間知性論』における道徳の取り扱いの不十分性を率直に指摘し、その理論的な克服をもとめたことがそれである。

そうした友人たちからの不満や批判に対して、ロックはきわめて感情的に反応した。しかし、その反応を引きおこしたのは、自分の労作がごく身近な友人から批判されたことへのロックの心外感だけではなかったといってよい。それは、むしろ、「偏見を持たない読者」によって、自著の不十分性についての自覚をみすかされたことに対するロックの苛立《いらだ》ちの表れでもあったと考えられるからである。

事実、『人間知性論』刊行以降のロックは、それが道徳哲学の基礎学としてなお不完全であるという感覚を強迫観念のように持ちつづけていた。そうだからこそ、ロックは、認識論に手を入れて、その不完全性を克服しようとする努力を重ねたのである。こうした事情をもっともよく伝えるのは、ロックに対して、「道徳の論証的性格に関する見解に完全な表現をあたえる」ようくりかえし要請したモリヌーとの一連の対話にほかならない。

モリヌーとの対話

一六九二年の九月、ロックは、モリヌーに、「私は、道徳は論証的に証明できると考えてきましたが、私にそれができるかどうかは別問題です」とする一方で、今後とも「利用可能な余暇」を道徳の論証問題の再考にあてたいと書き送っている。道徳の具体的な論証への不安と、それを克服しようとする思考への意志とが微妙に交錯するこの手紙の延長線上に位置するのが、一六九四年一月にモリヌーに宛てて書かれた書簡であった。

先の手紙を送ったあと、道徳の論証問題についてロックの思索がどのような運命をたどったかを告げるこの手紙の要点は、次の二つであった。一つは、ロックが、「従来から眼を向けてきた方向」、すなわち、道徳の理性的な論証をめざそうとする意図を当為としてはなお放棄していなかったことである。もう一つは、にもかかわらず、ロックは、事実上、「それをやり遂げるためには、自分以上に優れた頭脳と強い肉体とが必要である」との判断に達していたことであった。

こうして、ロックは、『人間知性論』を出版した一六八九年からの五年間にわたる思索を通して、理性による道徳の論証が自分の力量では不可能であるという結論にみちびかれたのである。もとより、この結論は、『人間知性論』を道徳哲学のための認識論序説として完成させようとしたロックの意図が、一六九四年までに挫折に終わったことを意味するものであった。

挫折と義務との間

しかし、ロックは、道徳の基礎学としての『人間知性論』の失敗に立ち会わざるをえなかった深い挫折感を内面にかかえながらも、なお、神学的に基礎づけられた道徳の論証を全面的に放棄できる立場にはなかった。ロックにとって、そうすることは、自分の思想の根底にある「神学的パラダイム」が命じる神への二つの義務に倫理的に違反することを意味していたからである。一つは、神の「召命」によって「学者」へと定められた自らの職業への献身義務であり、もう一つは、「人間に固有の学問」としての道徳原理をどこまでも追いもとめるべき「人間一般の義務」であった。

このように、『人間知性論』の刊行から五年を経た一六九四年当時のロックは、次の二つの感情の緊張のなかに置かれていたといってよい。それは、道徳の理性的な論証をめざしてきた『人間知性論』の完成に事実上失敗したことからくる挫折感と、神学的に基礎づけられた道徳の論証作業の続行を命じる宗教的義務感とであった。

この時期のロックを描いたM・ダールとG・ネラーとによる二枚の肖像画も、そうした二つの感情の間の緊張感を象徴しているといっても、あながち無理なこじつけとはいえないであろう。それらによって描きだされたロックは、どこか暗さと不安とをたたえた眼差《まなざ》しをもって、しかも何かを意志的に凝視《ぎょうし》している人物であるという印象をあたえる点でおどろくほど似通っているからである。

では、ロックにとって、挫折感と宗教的義務感との緊張を解くための方策は何か残されていたのだろうか。答えは明確であって、『人間知性論』におけるロックが、「神の法」への二つの通路について表明した次の確信のうちに、その緊張を解くことができる唯一の可能性がひそんでいた。

それは、「神が人間の行為に対して定めた法」は「自然の光によって示されたものであれ、啓示の声を通して示されたものであれ、常に同一である」というロックの信念であった。この信念を固持《こじ》していたかぎり、ロックは、「自然の光」＝理性による道徳の論証に挫折したあとにおいても、人間の「義務と行為規範と」を「神の意志」へのもう一つの通路である「啓示」のうちにみいだすことができたからである。

興味深いことに、何かを論証しようとする際に、一つの方法で無理であれば他の方法への転換をはかるというロックのこうした思考様式は、ある意味で政治＝寛容論の系譜の場合の反復であった。前にみたように、ロックは、かつて、人間の政治生活と信仰生活とを規制する神の規範を理性によって直接論証することが困難な事態に直面した際に、いわば次善の策として、次のような方法を採用したからである。それは、人間の「固有権」を神への義務の遂行を支える「基体」とみなす視点からの類推によって両生活における善き生の規範を間接的にみちびく方法であった。

『キリスト教の合理性』の誕生

ロックは、実際に、認識＝道徳論の系譜においても同じ道をたどった。彼は、一六九四年のある段階で、「啓示」から人間の生の規範を引きだす方向にあきらかに踏み切ったからである。それを示すのは、ロックが、「単独の理性」による道徳の論証を最終的に断念した一六九四年一月以降、その主要な知的関心を、神的啓示の歴史的記録である聖書の研究に移したことにほかならない。

その事実を伝えるロック自身の証言として、彼が、一六九四年の一二月、当時「神学上の疑問について自由に相談できる」唯一の人物であった神学者ファン・リンボルクに宛てて送った書簡をあげることができるであろう。そこにおいて、ロックは、次のように書いているからである。

「暇《ひま》ができ次第できるだけ早く、私は貴兄の『キリスト教神学』を精力的に検討してみたいと思っています。私は、現在、そうした研究に精神のほとんどの部分を振り向けなければならないと考えているからです」(傍点は引用者)。

『キリスト教の合理性』が作品として誕生したのは、ロックが一六九四年の後半に集中的に取り組んだ聖書神学のそうした研究のなかからであった。

「信仰」と「啓示」

以上、一六八九年から九四年に至るロックの思索の歴史をたどりながら、次のことを示してきた。それは、『キリスト教の合理性』が、「宗教と人間の全義務とをふくむ」道徳を「理性の光」によって論証しようとした『人間知性論』の試みが挫折に終わった文脈のなかから、その挫折を補塡する意図をもって生みだされたことである。容易に想像がつくように、そうした挫折の文脈のなかで書かれることによって、『キリスト教の合理性』におけるロックのキリスト教理解に、たとえばその道徳性の強調といった特質がもたらされることになった。

しかし、『人間知性論』と『キリスト教の合理性』との間には、ロックによるキリスト教理解に深くかかわるもう一つの要因があった。それは、前に達成の文脈と呼んだもの、すなわち、ロックが、前者における理論的な達成を動員しながら後者におけるキリスト教解釈を試みたことにほかならない。

ロックは、『人間知性論』において、『キリスト教の合理性』における独自のキリスト教理解を支えることになる重要な概念用具を準備していた。そのなかでもっとも中心的な役割をになったのが、ロックによって「理性」とは「対立しない」とされた「啓示」あるいは「信仰」の概念であった。

『人間知性論』の定義によれば、人間の推論能力としての「理性」とは区別される「信仰」とは次のようなものであった。

「信仰とは、理性の演繹によって作りだされた命題ではなく、ある尋常《じんじょう》ではない伝達方法によって神から来たとする提示者への信頼にもとづいて作りだされたある命題への同意であり、人間に対して真理を伝えるこの方法をわれわれは啓示と呼ぶのである」。

この定義が示すように、ロックにおいて、「理性」と対比される「信仰」は二つの要素を持っていた。一つは、「信仰」が神の「啓示」に対する人間の「同意」として成り立つことである。もう一つは、その「啓示」への「同意」としての「信仰」が、人間に神からの「啓示」を提示する人格への「信頼」の上にみちびかれることであった。問題は、ロックが、これら二つの要素をどのような論理によって関連づけたかであって、そこに、ロックにおける「啓示」と「理性」との真の関係を解く鍵がひそんでいる。

「啓示」への「理性」の同意

『人間知性論』のロックによれば、「理性」だけではなく、「啓示」もまた「最高の確実性」を持つ証言をもたらすものであった。したがって、ロックにとって、「啓示」への「同意」に成り立つ「信仰」も、「真知と同様にわれわれの精神を絶対的に決定」する「たしかな原理」にほかならなかった。ここにおいて、『人間知性論』は、ともに真理を伝える「理性」と、「啓示」あるいは「信仰」との間にはらまれる緊張の認識論的な処理を迫られることになった。

その問題に直面したとき、ロックがただちに確認したのは、「信仰」において、「すべてのことがらにおける最後の裁定者」としての「理性」がはたすべき決定的な役割であった。ロックは、その立場から、「神の啓示したことはたしかに真理であり、疑いの余地はない」としても、「それが神の啓示であるか否かは、理性が判断しなければならない」と断言したからである。

ロックが、「啓示」への「同意」としてきた「信仰」をあらためて「啓示」への「最高の理性にもとづく同意」と規定しなおし、また、「狂信」を「理性なしに啓示を」叫ぶものとして批判したのは、そうした文脈においてであった。

このように、「啓示」の真偽の判定権を「理性」に委ね、「信仰」を「啓示」への「最高の理性にもとづく同意」とみなすロックの視点は、当時のイングランドで台頭《たいとう》しつつあった「理神論」と強い親和性を持っていた。たとえば、その運動の中心人物であったJ・トーランドが、一六九六年にロックの認識論に依拠して『キリスト教は神秘的ならず』を書いた事実がそれを示唆する。

けれども、ロックとトーランドとの間には、あきらかにこえることができない溝が横たわっていた。ロックは、「福音書には、理性に反し、理性をこえるものは何もない」と断定したトーランドとは異なって、「啓示」が「われわれの自然の能力の発見をこえ、理性を超越する」

証言をふくむことを承認したからである。

しかし、ここにおいて、ロックは、「啓示」と「理性」との関係をめぐる認識論上の最大の難問に直面したといってよい。それは、前述したように、不可知論に傾斜する『人間知性論』において認識能力の限界を告げられていた人間の「理性」が、なぜ、「理性の蓋然的推測に優る」神の「啓示」の真偽を判定できるかにほかならない。

では、ロックは、「信仰」を「啓示」への「最高の理性にもとづく同意」と規定する自身の原理的な立場をゆるがしかねないこの問題をどのようにして解いたのだろうか。それは、次のように、「理性」による「啓示」の真偽の判定の問題を、神の「啓示」を伝える人格に対する「信頼」の問題へと移行させることによってであった。

「信仰」を「啓示」への「理性」の同意ととらえるロックにあっても、「理性」に「啓示」の真偽を直接判断して、それへの同意、不同意を決定する能力があるとは考えられてはいなかった。トーランドとの距離が示すように、ロックにとって、「啓示の生の証言」が「最高の確実性」を持ち、「理性の蓋然的推測」を超越する性格を秘めていることは、やはり疑問の余地のないことであったからである。

けれども、このように、「理性」に対して「啓示」の真偽を直接的に判断する能力を否定したロックにあって、「信仰」を「啓示」への「理性」の同意とみなす視点をつらぬくことを可能とするもう一つの途が残されていた。

それは、「啓示」への「理性」の同意を、「啓示」の提示者が持つ疑うことのできない神格性への「信頼」を媒介としてみちびく方向であった。「理性」が同意する「啓示」の真理性は、「啓示」を伝える人格の否定することのできない神格性によっていわば間接的に保証されうるからである。『人間知性論』はあきらかにこの方向を探ったといってよい。もとより、それを支えたのは、ロックによる「信仰」の定義にふくまれていた第二の要素、すなわち、「啓示」を伝える神と人間との媒介者への「信頼」という視点であった。

「奇跡」の意味

けれども、「信仰」、すなわち、「啓示」への「理性」の同意が「啓示」の提示者の神格性への「信頼」にもとづいてみちびかれるとする場合、そこには、なお一つの深刻な問題が残されていた。それは、「啓示」を伝え、神と人間とを媒介する人間の神格性を保証し、それへの「理性」の無条件の同意をうながすものは何かにほかならない。この問題が解決されないかぎり、「啓示」は、「神自身の証言」としての資格を持つことができず、したがって、「理性」の同意を得ることもできないからである。

この問題に対しても、ロックはきわめて明確な回答をあたえた。すなわち、神の「啓示」を伝える人格が「超自然的なできごと」として行う「奇跡」が、ロックによって提示されたその答えであった。ロックによれば、「奇跡」とは、神の「啓示」を伝える人格の神的な「権威」と「使命」とを圧倒的な「力」によって証明する「理性が誤まることのできない印」であり、彼らが示す「啓示」への「理性」の直観的な同意をうながすものであったからである。

ロックのそうした「奇跡」観は、たとえば、『人間知性論』の次のような記述からうかがうことができる。

「神から啓示をえた古《いにしえ》の人々は……他の人々を承服させるべきとき、天からあたえられた自らの使命の真実性を正当化し、眼にみえる印(である「奇跡」——引用者注)によって自ら携えてきたメッセージの神的権威を主張する力を持っていた」。

こうして、『人間知性論』のロックは、「啓示」の提示者の神格性を示すものとしての「奇跡」の概念に依拠することで、「信仰」を、神と人間との媒介者への無条件の「信頼」にもとづく「啓示」への「理性」の同意とする自らの観点をつらぬいたのである。「啓示」の超理性的な性格をみとめたロックが、同時に、「理性」と「啓示」との整合性を説き、「理性と信仰とは矛盾しない」と主張することができた理由はそこにあった。

では、『人間知性論』において示された「啓示」あるいは「信仰」の認識論的地位に関するロックの以上のような観点は、『人間知性論』における道徳の理性的論証の挫折とあいまって、『キリスト教の合理性』のロックにどのようなキリスト教像を結ばせたのであろうか。最後に、その点をみておかなければならない。

すでに詳細に検討したように、ロックは、一六九四年の時点で、「宗教と人間の全義務とをふくむ」道徳の理性による論証を断念していた。しかし、そのロックも、「神学的パラダイム」からの要請によって、「神学的に基礎づけられた」道徳の論証自体を放棄することはできなかった。そこからロックは、「啓示」と「理性」とに「神の意志」への通路としての同格性をあたえる視点に立って、聖書のうちに、人間の善き生の指針としての道徳規範をさぐる方向をたどることになった。

『人間知性論』の挫折から聖書研究へと至る精神のそうした軌跡《きせき》は、『キリスト教の合理性』におけるロックの次の言葉にもっとも端的に示されている。

「福音書のなかには完全な倫理の体系がふくまれており、理性は、人間の義務を理性それ自体のうちによりも、啓示のうちにより明晰かつ容易に発見できるから、理性はその探求の義務を免除される」。

こうして、ロックは、『人間知性論』の挫折の文脈のなかで書いた『キリスト教の合理性』において、「啓示」された神の意志の記録である聖書から、「すでに仕上げられた形であたえられてい」る「完全な倫理の体系」を析出する作業に着手する。以下、その努力の跡を、ロックのいう「完全な倫理の体系」に関連するいくつかの論点にふれながら順次たどることにしたい。それはまた、ロックのキリスト教像の特質をも示すことになるであろう。

「原罪」と「救済」

まず、ロックが、聖書が教える「完全な倫理の体系」は「自然法のうちに過不足なくふくまれ」るとして、それを自然法と同一視した点に注意しなければならない。それは、「原罪」と「救済」とに関するロックの解釈にかかわっているからである。

前に、ホッブスおよびスピノザと対比しつつ述べたように、ロックは、自然法に服することを、人間が来世において「原罪」から「救済」されるための条件とみなしていた。したがって、ロックにとって、自然法と重なる「完全な倫理の体系」にしたがうこともまた、「原罪」からの「救済」につながる要件にほかならなかった。ロックが、道徳や倫理に常に「宗教」をふくませた理由もそこにあった。

では、ロックにおいて、人間の「原罪」と「救済」とはどのように理解されていたのであろうか。

ロックは、しばしば、三位一体論だけではなく、人間の「原罪」をも否定したとする神学的な非難をうけてきた。しかし、ロックは、アダムの原堕罪《げんだざい》それ自体を否定したわけではない。彼は、それを「福音書の教理の基礎」として承認しているからである。

しかし、ロックは、人類の祖とされるアダムの堕罪の仮定からただちに「人間本性の堕落」を断定する伝統的原罪観は明確に否定した。罪を各人の自己責任と考えるロックにとって、「アダムの罪のためにすべてのアダムの子孫を永遠で無限の罪にさらす」伝統的な立場は、むしろ「宗教の基礎を動揺させるもの」に映ったからである。

このように、アダムの原堕罪をみとめたうえで伝統的な原罪観を否定したロックは、そこから、伝統的原罪観の自然主義的転釈《てんしゃく》とでも呼ぶべききわめて個性的な原罪論を展開した。

そこにおいてロックは、新約聖書でしばしば「アダムの罪によって死が万人にきた」といわれる場合のその「死という言葉の意味」に関心を集中し、それを比喩的に解釈して「罪の状態」としてきた伝統的立場に対して、「死」の「直接的解釈」を要求する。もとより、「死という言葉」に「直接的解釈」をほどこすかぎり、それは、人間の道徳的罪悪性を象徴する意味を失って、自然の死、ロックのいう「存在の終焉《しゅうえん》、生命と感覚との一切の働きの喪失」を意味するほかはない。

こうして、ロックは、アダムの堕罪によって「万人にきた」とされる「死」を存在の生理的終焉と解することによって、それを比喩的に解釈して人間一般の道徳的罪悪性に結びつけてきた伝統的立場の自然主義的転釈をはたしたのである。

このように、アダムの堕罪によって「人類が喪《うしな》ったもの」を生理的不死性ととらえるロックの視点は、伝統的な原罪観とは対立するものであった。しかし、それは、来世における「永遠の生命」の享受に「救い」の核心をみるキリスト教の一般的な救済論と矛盾するものではなかった。ロックにとっても、人類の「救済」とは、アダムの原堕罪によって失われた不死性の「回復」、それによる「永遠の生命」の復活を意味していたからである。

もとより、新約聖書において、その「救済」のために人類がしたがうべき「完全な倫理の体系」を「啓示」によってあたえたのはイエス・キリストであった。その点についても、ロックは個性的な論理を展開する。

イエス論

『キリスト教の合理性』のほぼ過半《かはん》を占めるイエス論は、次の二つの部分から成っている。すなわち、一つは、奇跡を通して自らが神の子キリスト、すなわち救世主であることを暗示しつつ、人々に「善き生のための規範」を説きつづけた「史的イエス」の事績《じせき》についての記述であった。

もう一つは、「イエスの生涯、死、復活、昇天の証人」である「使徒たち」によって神の子キリストとして宣教《せんきょう》された「宣教のキリスト」をめぐる叙述にほかならない。

けれども、ロックにおける「史的イエス」は、「宣教のイエス」に必然的に転化する存在であった。ロックが「史的イエス」について述べるために使った資料は、イエスを「宣教のキリスト」として描き上げた「福音書記者の物語と使徒行伝と」にかぎられていたからである。しかも、ロックは、その転化の背後に「驚くべき神の摂理」をみていた。

まず、ロックは、「史的イエス」が「神の国」に入るために必要な「徳と道徳との厳格な法」を説きながら、自らが救世主であることを公然とは示さない「慎重な態度」に終始したことのうちに、「イエスにおいて働く神の叡智」をみいだした。ロックは、そこに、メシアを待望する「軽率な大衆」を暴動へと扇動するのを避けようとする神の意志をみいだしたからである。

しかも、この「神の叡智」は、十字架におけるイエスの死にもつらぬかれていた。ロックによれば、神は、近づいた「神の国」に入るために守るべき「比類なき道徳哲学の教え」を「宣教の順序」にしたがって説き終えたイエスを、「福音書の主たる計画」にそって天に召したからである。「イエスが一つの王国を持ち、殺され、甦《よみがえ》り、父の下へ昇天し、栄光のうちに再臨《さいりん》して審判を下すことになっている」というのが、ロックのいうその「計画」であった。

このように、メシアであることを「直接的な言葉」では告げないまま生きて十字架上に死んだ「史的イエス」は、復活の奇跡を通して自らが神の子キリストであることを公然と示すことになった。

それとともに、「単なる自然宗教の説教師」にとどまるかにみえた史的人格イエスは、使徒たちにとって、今や、神から地上に遣《つか》わされたメシアとしてその事績を積極的に宣教すべき神格に転位する。これは、「史的イエス」の事績を記した「福音書記者の物語と使徒行伝と」におけるイエスが、使徒たちによってメシアへと純化された「宣教のキリスト」として、絶対的な信仰の対象となったことを意味するものであった。

ロックが、「福音書は、「ナザレのイエスはメシアである」という命題への信仰に人をみちびくために書かれた」と断言するのは、そうした背景においてであった。そこから、ロックは、

「人を義とし救済する」のに欠くことのできない「福音の唯一の信仰箇条」を、端的に、ナザレ人イエスを「彼が行った奇跡と告白とを信頼して」神の子キリストとみなすイエス信仰に集約するのである。

救済の二つの条件

ロックは、以上のようなイエス論の展開を通して、人間が救済されて「永遠の生命」を得るための条件を次の二つにみいだした。一つは、ナザレ人イエスをメシアとみなすイエス信仰であった。そして、もう一つは、「神と人間との唯一の媒介者」としてのイエスが「神の意志」として啓示した「徳と道徳との厳格な法」を遵守することにほかならない。

そこから、ロックは、これら二つの条件のうち、イエス信仰を「信仰の法」、「徳と道徳との厳格な法」を「行いの法」と呼んだ上で、この二つの法を結合して、「行いの法」を「法として完全な倫理の体系」へと高めるのである。それによって、「神学的パラダイム」に忠実に、「神の作品」としての人間が善き生のためにしたがうべき規範を追いもとめてきたロックの思索の旅も、一つの終点に達することになるであろう。その経緯は以下の通りである。

ロックは、ナザレ人イエスを神の子メシアと信じるイエス信仰に、福音書がクリスチャンに

「永遠の生命を得るために現在信じる」ように要求する「信仰の法」の核心をみいだしていた。では、ロックにおいて、救済に必要なもう一つのものとしてあげられた「行いの法」はどのように考えられていたのだろうか。

まず、ロックは、クリスチャンにもとめられる行い＝業《わざ》を「われわれの一切の行為を神の法に一致させること」とした上で、その一致・不一致を判断する基準である「行いの法」の内容に、きわめて包括的な性格をあたえた。まずそれは、イエスが啓示した「徳と道徳との厳格な法」であり、「道徳と服従との明白で直接的な規則」であった。また、ロックは、「律法の成就のためにこの世に来た」イエスは「旧約における一切の道徳的戒律を確認し、再強化している」として、「行いの法」に「モーゼの律法の道徳的部分」を繰り込んでいる。

しかし、それだけではなかった。ロックは、さらに、「律法を持たない異邦人も自然に律法にふくまれていることを行った」として、イエスが啓示した「行いの法」と「異邦人」をも拘束する「自然法」との一致を再確認したからである。

しかし、ロックにとっても、「行いの法」が包括的なものであることを指摘するだけでは、それが「法として完全な倫理の体系」であることを立証したことにはならなかった。「イエス・キリストが啓示によってあたえた」その「行いの法」が完璧な道徳体系であることを示すためには、それが「理性の規範と一致する」疑いをさしはさむ余地のないものであることがさらに論証されなければならなかったからである。ロックがこの問題を解くために取り組んだのが、『人間知性論』において「啓示」と「奇跡」とにあたえた認識論上の地位を前提として、「信仰の法」と「行いの法」とを結合する企図であった。

その企図において、ロックがとくに強調したのは、「行いの法」が「信仰の法」に充たされてはじめて成就され、完成されるということであった。ロックによれば、「行いの法は、信仰の法によって廃棄されるものではなく、かえってそれによって確立される」からである。ロックのこの見解は、パウロによる『ローマ人への手紙』の一節「それでは私たちは、その信仰のゆえに律法を破壊するのであろうか。断じてそんなことはあってはならない。むしろ私たちは、律法を確立するのである」の註釈として提示されたものであった。その点で、それは、聖書における信仰と律法との関係をめぐるロックの一般的な解釈を示したものにすぎないように思われるかもしれない。

けれども、「信仰の法」による「行いの法」の成就と完成とを説くロックの見解について、次の点をみのがしてはならない。すなわち、その見解が、イエスによって「啓示」された「行いの法」を、神的な権威に規範根拠を置き、しかも「理性の規範」と一致する「法として完全な道徳」に高めるための重要な伏線《ふくせん》となっていることである。それは、ロックのいう「信仰の法」、すなわちイエス信仰の構造に注目することによってただちにあきらかになるであろう。

イエス信仰の構造

ロックのいうイエス信仰とは、次のことを意味していた。「奇跡という明晰な証拠」によって示された「神の聖なる使者」としてのイエスの神的使命、「神からの権威を携えて来臨した」イエスの救世主としての神格性を無条件に信じることがそれである。他方、『人間知性論』におけるロックにとって、「信仰」一般は、「奇跡」によって示される神と人間との仲介者の神格性への無条件の「信頼」を媒介とする神の「啓示」への「理性」の同意であった。

したがって、こうした「信仰」観に立つかぎり、『キリスト教の合理性』において「信仰の法」とされたイエス信仰も、「奇跡」が開示するイエスの神的権威への「信頼」を通して、イエスがあたえた神の「啓示」に「理性」が完全に同意することを意味することになる。

ロックは、そうした関連において、イエス信仰と「行いの法」とを結合し、それによって「行いの法」の「法として完全な道徳」への転化をはかったといってよい。イエスの神格性への「信頼」を媒介として神の「啓示」への「理性」の「同意」をみちびくイエス信仰に支えられるとき、イエスが「啓示」によってあたえた「行いの法」は次のようなものにならざるをえないからである。それは、イエスを通して「啓示」された神の法として神的権威のうちに規範根拠を持ち、しかも「最高の知性を持った人々ですら神的なものとして服従するほかはない」合─理性的な道徳、ロックのいう「法として完全な倫理の体系」にほかならない。

「**一般的黄金律**」

こうして、ロックは、「信仰」と「理性」との一致を説く『人間知性論』の視点を生かしつつ、「行いの法」と「信仰の法」とを結合することによって、神の意志に基礎を置き、「理性」もまた同意する「完全な倫理の体系」をみちびいたのである。

ロックが、「われわれは、イエス・キリストから、われわれを教導《きょうどう》するのに十分で、しかも理性の規範と一致する規範を得ている」と断言するのは、それをうけてのことであった。その断言とともに、「聖書には道徳の一切の義務が明晰・判明かつ容易に理解できる形で述べられている」との確信の下に書き進められてきた『キリスト教の合理性』も結ばれることになる。

もとより、それは、ロックの思索における認識＝道徳論の系譜が、『キリスト教の合理性』

の完結をもってその全展開を終えたことを示すものであった。けれども、『キリスト教の合理性』は、それをこえて、政治＝寛容論の系譜をもふくむロックの思想世界全体にかかわる次のような重要な意味を持っていた。

『キリスト教の合理性』には、ロックが、イエス・キリストによって「啓示」された「行いの法」について、今までに紹介してきたのとは異なる角度から説明を加えた興味深い記述がある。それは、ロックが、『マタイによる福音書』をめぐる註釈のなかで、「実行することが必要であるとイエスが決めたもの」、すなわち「行いの法」の多様な内容を集約して述べた部分にほかならない。

そこにおいて、ロックは、まず、イエスが行うように「命令」したこととして、次のようなものを列挙した。「自分たちの敵を愛すること、自分たちを憎む者に尽くすこと、自分たちを呪詛《じゅそ》する者に祝福をあたえること、意地悪く自分たちをあしらう者のために祈ること」などがそれである。その上で、ロックがみちびいたのは以下の結論であった。「イエスは、その個々の命令の全部を、『マタイによる福音書』七章一二節において次のような一般的黄金律で結んでいる。「だから、あなたたちが人々からして欲しいと思うことはすべて、そのようにあなたたちも彼らにせよ」」。

このように、『キリスト教の合理性』におけるロックは、新約聖書から「完全な倫理の体系」として析出した「行いの法」を一括してイエスの「一般的黄金律」へと還元した。このことは、きわめて重要な意味を帯びることになった。

長い旅の終章

それは、「行いの法」を集約したものとされたイエスのこの「一般的黄金律」が、「人と人との間の規則」であることによって、ロックが政治＝寛容論で示した人間の義務をも包摂するものになったことにほかならない。政治＝寛容論におけるロックが政治生活と信仰生活とを生きる人間に要求した義務もまた「人と人との間」に成り立つ規範であったからである。もとより、それは、「固有権」を神への義務をはたすための「基体」として維持するために、為政者と公民、公民と公民、為政者と聖職者、聖職者と私人、私人と私人といった人間の相互関係の間に要求される規範であった。

このように、ロックが、「行いの法」をイエスの「一般的黄金律」へと集約したとき、それは、認識＝宗教論の系譜だけでなく、政治＝寛容論の系譜をも総括する意味を持つことになった。それはまた、「神学的パラダイム」に忠実に、「不死なる魂」と「現世的な生」とを持つ人間がはたすべき神への義務を追いもとめてきたロックの長い思索の旅が、ようやくにして終章に達したことを物語るものでもあった。

ロックにとって、その旅は必ずしも満足の行くものではなかったかもしれない。ロックが、死を前にして人生の虚《むな》しさをもらした事実もそれを暗示しているようにみえる。

しかも、その虚しさは、ロックが、人間の善き生の規範の理性による直接的論証に挫折し、ある意味で、所与の実体としての聖書のなかへの後退を強いられたこととおそらく無縁ではなかった。また、ロックが、人間の生きるに値する生の規範をある意味では陳腐で常識的なイエスの「一般的黄金律」に帰着させるしかなかったことも、その虚しさをあるいは倍加《ばいか》させるものであったとも思われる。

しかし、自らが畢生《ひっせい》の課題とした問題に生涯をかけて取り組む知的誠実さを持ちつづけることが思想家の偉大さの条件であるとすれば、ロックは疑いもなく偉大な思想家であった。彼は、人間の善き生の指針をもとめて神の意志の論証に人生を賭けたからである。

あるいは、その思想に挫折や失敗の跡が残されていることも、ロックのそうした偉大さを増しこそすれ減ずるものではないとさえいえるであろう。それは、生涯の課題を解こうとする努力を人間の知性の極限に至るまでつづけたロックの真摯な精神を証明するものであるからである。その意味で、知性の可能性についてロックの思想的営みから学ぶべきものには依然として大きいものがあるといわなければならない。

エピローグ――ロックからの問い

死せるものと生けるもの

哲学者のR・G・コリングウッドによれば、思想家の言説においては問いと答えとは相関しており、しかも、それらはともに歴史的固有性を持っているという。たしかに、この指摘は、思想の本質をよくいいあてているといってよい。どのような思想も、思想家が自分を取り巻く独自の文脈から引きだした問題と、それへの解答とからなっており、その点で、両者はあきらかに歴史性を刻印されているからである。

思想家が立てる問いも、それに対する答えも、このように歴史性を帯びているとすれば、この命題はもちろんロックにもあてはまる。すなわち、ロックが解こうとした問題も、それへの彼の解答も、一七世紀のイングランド、あるいはヨーロッパ大陸の歴史的文脈のなかでロックがいだき、考え抜き、答えたものであった。その点で、ロックの時代とは四〇〇年近くも離れた現代を生きる人々が、ロックの思想は、もはや死せるものであり、今に生きる意味はないとみなすとしても決して不思議ではない。

しかも、ロックの思想はキリスト教文化の伝統を負っていた。その点で、それが非キリスト教文化圏に属する人々に対して容易には拭《ぬぐ》うことのできない違和感をあたえることも否定できないであろう。たとえば、ロックが、イエスによって提示された「行いの法」を「万人にとって恒常的な道徳法」とみなした事実は、とくに異論を呼ぶに違いない。多文化性を強める現代において、キリスト教徒に「万人」を代表させることには、あきらかに無理があるからである。

では、はるかな過去に、しかもキリスト教文化を背景にして構想されたロックの思想には、今に生けるもの、あるいは、今に生かすべきものが何もないのだろうか。答えは、否であるといわなければならない。ロックの作品が世界の多くの場所で読みつがれ、研究されている事実は、ロックの思想には、われわれに対して今なお訴えかけるものがあることを強く示唆しているからである。

普遍的なものをもとめて

もとより、そうしたものは、一つの厳しい条件をみたさなければならない。それぞれに個体性を有するいくつもの時代からなる歴史と、それぞれに固有の価値を秘める多様な文化の違いとをともにこえて現代に生かしうる何らかの普遍的な性格を持つことがそれである。

では、ロックが残した思想のうちにそうした条件にかなうものを探しあてるにはどうすればいいのだろうか。いうまでもなく、これは、簡単に解ける問題ではない。その問いは、思想の歴史的分析とその現代的意味の解明とを結びつける方法をめぐる思想史研究上の難問に深くかかわっており、ふれるべき論点も少なくないからである。

しかし、ここでは、思想史の厳密な方法の問題にあまり深入りすることなく、次のような比較的単純な手つづきによってロックからの現代への問いを考えてみることにしたい。それは、ロックに固有の思考様式や思想内容のなかに、広く現代世界に生きる人々が文化や宗教の差異をこえて負わされた切実な課題を解くための手がかりや示唆を探るという方法にほかならない。もし、ロックの思想からそうしたものを得られるとすれば、そこにこそ、ロックの思想が現代に対して持つ普遍的な意味がひそんでいると考えられるからである。

以上の方法に立って考えた場合、ロックの思想のうちの次の要素は、現代世界がかかえる問題に対処するための豊かな手がかりや示唆をあたえるものだといってよい。すなわち、政治に対する人間の優位の確認、政治の成立条件への示唆、寛容の主張、生と知とを結びつける思考様式、理性の限界と有用性との自覚の五つがそれである。以下、前章までの議論にもあらためて光をあてながら、それぞれが持つ現代的意味について可能なかぎり簡潔にみていくことにしたい。

政治に対する人間の優位

政治思想家としてのロックには、人間と政治との関係に関する一貫した態度がみとめられる。それは、政治に対する人間の優位を常に確認しようとする姿勢であった。その起点は、ロックが、「生命、健康、自由、資産」からなる「プロパティ」を人間の非政治的な「固有権」として聖域化したことにあった。これは、ロックにとって、人間に固有の「プロパティ」が政治をふくむ人間の営みのなかでは何ものにも優越する価値であることを意味していたからである。

ここから、ロックの政治思想は、政治に対する人間の優位を確立する方向へと一直線に進んでいった。まず、それは、「プロパティ」の保全を目的とする正統な政治的統治を人間が作為すべきものとした点にあらわれた。次いで、ロックが、信託された目的を逸脱して「暴政」化した権力に対する抵抗権を、さらには、「プロパティ」の保全をはたす政治的統治を新たに樹立する革命権を容認したことも、政治に対する人間の優位の宣言であった。

このように、人間に固有の権利であり、それ自体は非政治的な価値である「プロパティ」を擁護するために政治に対する人間の優位を説いたロックの思想は、今に生かすべき大きな遺産になりうるであろう。現代世界では、非政治的領域が「どこにもない所」とまでいわれるほどに「政治化」が進んだことによって、従物であるべき政治の力が主物であるべき人間の運命を左右する倒錯状態があらゆる場所で生じているからである。

その点で、ロックの考え方は、現代世界にとっても、政治に対する人間の優位を再確立するための規範的な指針として積極的に生かされるべきものだといわなければならない。

しかも、その場合、ロックの思索には、ロックを規定していたキリスト教的前提をこえうる要素が秘められていた。その可能性を示すのは、ロックが「プロパティ」を政治社会に先立つ人間の自然に帰属させたことであった。「生命、健康、自由」、そして生存の再生産のための手段である「資産」は、キリスト教徒をふくむ自然としての人間一般に妥当《だとう》する普遍的な価値になりうるものであるからである。

その意味で、「プロパティ」を聖域化することによって政治に対する人間の優位を確認したロックの視点は、時代と文化との違いをこえて今に生かしうる豊かな可能性をはらんでいるといってよい。

政治の成立条件

ロックの思想が持つ第二の現代的な意味は、それが、政治そのものの成立条件について、豊かな示唆をあたえてくれることである。

ロックにおいて、人間の優位の下に営まれるべき政治とは、次のようなものであった。合意によって政治社会を形成した人間間に生じる「固有権」をめぐる紛争を、統治権力を背景とする法によって解決して、各人の「固有権」が保証される平和的な共存状態を不断に作りだす作用がそれである。その場合、契約論者ロックにとって、紛争を解決するための法も、それを強制する統治権力も、政治社会の構成員の同意によって作りだされるべきものであったことはいうまでもない。

他方、ロックは、そうした政治が終焉する事態をも想定していた。ロックにおいて、統治権力が、「固有権」を保全すべき「人民」からの「信託」を破って「暴政」化した場合、そこで、法が支配する政治状態は終わり、武力による抵抗から革命へと至る戦争状態が始まるとされていたからである。ロックが、「法が終わるところ、暴政が始まる」とした理由もそこにあった。

政治と政治の終焉とをめぐるロックの以上のような視点は、政治が成立するためには次のような二つの条件が不可欠であることを示唆している。

第一の条件は、個人や集団の間に、それらの私的側面をこえ、それらすべてにかかわる要素からなる点で「公共性」と呼ぶことができる関係性が存在することである。その要素とは、共存への共同意志、紛争解決のための法の妥当性に関する共通了解、法を強制する統治権力の正統性についての相互承認にほかならない。こうした要素からなる「公共性」を欠くかぎり、共通の法と権力とを手段として紛争を解決し、同一の政治社会のなかで人々がともに生きることを可能にする政治が成り立つ余地はないからである。

ロックの視点からみちびかれる政治の第二の成立条件は、政治社会における紛争の激しさや濃度が上記の「公共性」の枠内に収まっていることである。ロックが、「暴政」化した統治権力と「人民」との対立状態を政治状態とは呼ばなかったことがそれを示すといってよい。紛争が、共存の意志を消滅させ、共通の法や権力にしたがうことを不可能にするほどの濃度に達した場合には、紛争の解決によって政治主体の共存の実現をはかる政治のメカニズムそのものが働かないからである。

ロックの視点が示唆する以上二つの政治の成立条件は、現代における政治状況を考える上できわめて大きな意味を持っている。

現代世界の政治状況をめぐるもっとも深刻な問題を一つあげるとすれば、それは、政治の成立がきわめて困難になっていることにもとめられるであろう。それを象徴するのは、内戦によって政治主体の共存が不可能になった政治社会が世界のいたるところでみうけられる事実にほかならない。

これは、次のような事態に直面している政治社会が数多くあることを意味しているといってよい。民族、宗教、部族等の差異にもとづく紛争の濃度が政治主体間の「公共性」の枠組みに収まらない地点にまで高まることで、共存をみちびく作用としての政治の成立条件も失われたことがそれである。

しかも、一見、政治が安定的に営まれているかにみえる政治社会も、現に内戦にみまわれている政治社会におけるこうした事態から自由ではない。それらにも、移民や難民の増加、経済的な格差の拡大、国際的なテロリズムの浸透といった要因による紛争の激化が「公共性」を解体し、共存を危うくする危険性が常につきまとっているからである。

以上のような現代世界の政治状況のなかで、ロックが示した政治の成立条件から学ぶべきものにはきわめて大きいものがある。

そのうちでも、とくに重要なものとしてあげておきたいのは、政治が成り立つためには、政治社会の成員間の「公共性」を生みだす制度が不可欠であることである。それは、言葉による共存の意志の相互確認を可能にし、共通の法や正統な権力の創出を保証する制度、具体的には、思想や言論の自由を保障する民主的な制度にほかならない。ロックが、「知性と言語」の自由な行使に人間の社会的共存の条件をもとめ、法を立て、それを強制する政治的統治者の選出を「人民」に委ねたのは、そうした制度の構想であった。

その意味で、現代世界において政治主体の間に「公共性」を生みだし、政治の再生をはかるためには、どんなに困難であっても、各政治社会を次のような制度を備えたものへと不断に組みかえていく努力をつづける以外に方法はないであろう。言葉による説得と討論とによる共存への共同意志の形成と、共通の法と権力との民主的な創出とを可能にする制度がそれである。ロックの視点は、政治の復権をみちびくそうした制度を描き、実現するための指針として今なお振り返るに値するものであるといわなければならない。

寛容の主張

ロックの思想のうちで現代に生かしうる高い可能性を持つものとして第三にあげられるのは、寛容の主張にほかならない。その理由は、現代世界があらゆるレベルでロックがもとめた寛容を必要としていることにある。

冷戦後、「文明の衝突」という予言を自己実現しようとするかのように、宗教を政治化させ、政治を宗教化させる勢力の動きが世界中に拡散した。

こうした状況は、ロックが、政治と宗教とのそれぞれの固有性を守るために要求した政教分離の原理を、異なった宗教が併存する世界のなかであらためて生かすべき条件が生まれたことを意味するであろう。各宗教や宗派が、信仰の差異を政治的対立に転化させて相手の消滅をはかるとき、そこに生まれるのは、魂の救済や安寧《あんねい》をめざすべき宗教も、共存をみちびく作用としての政治も、ともに本来の目的を喪失する事態であるというほかはないからである。

しかも、現代世界では、ロックが、各教会・各宗派・各クリスチャンにもとめた同等者間の倫理的心性としての「許し合い」の精神も、著しく弱体化している。異なった宗教への暴力的攻撃、同じ宗教に属する宗派と宗派との間の和解不能な対立、同一社会に住む他宗教・他宗派に属する人々へのヘイト・クライムが頻発している事実は、それを示すものにほかならない。

現代世界におけるこうした状況をみるとき、ロックが、一七世紀の歴史的文脈のなかで、政教分離の原理や「許し合い」の精神に依拠して展開した寛容論は、時代をこえて今に生かすべき意味をいよいよ増しているといわなければならない。

生と知との相関

第四にあげておきたいのは、生と知とを統合しようとしたロックの思考様式である。本論で詳述したように、ロックは、「蓋然知という薄明」の奥に隠された「神の意志」を知ることによって、人間が生きるに価する善き生を送るための規範を獲得しようとした。

このように、ロックにおいては、人間存在の生の意味や善き生の条件を探究する存在論と、その意味や条件の探究を知性に委ねる認識論とが分かちがたく結びついていた。もとより、これは、ロックが、「神が人間の行為に対して定めた法」を知ることによって、人間に生きる意味をあたえる生の規範的原理を確立しようとしたキリスト教哲学者であったことによっている。

こうした性格を持つロックの哲学に対しては、おそらく二つの疑念がただちに寄せられるであろう。一つは、生や存在それ自体をこえて、その意味を探究することは哲学の主題にならないのではないかという疑問である。これは、自然学のあとに自然の原理や意味を問う形而上学を、言語化も知覚化もできない対象を扱っているとして批判する人々、たとえば論理実証主義のような考え方になじんだ人々がいだくごく自然な疑問であろう。

予想されるもう一つの疑問は、ロックの哲学が、キリスト教的前提をこえて妥当する可能性を持ちうるかというものである。これも、いわば近代以降の学問の常識からいって、だされるべき当然の疑念であるといってよい。近代以降の学問は、「万学の女王」として君臨していた神学から諸学が分離、独立して成立したことを背景に、哲学や科学が信仰や宗教とは別の分野に属することを自明のこととしてきたからである。

こうした疑念があるなかで、生と知とを一体化させたロックの思考様式を今に生かす可能性を主張することはできるのだろうか。それが、ロックの思想内容それ自体ではなく、思考様式であるかぎり、現代を生きる人間が、それを、生き方にかかわる考え方として生かす余地は十二分にあるといってよい。

たとえば、善き生のための指針や生の意味を、人間を取り巻く存在状況を知り、理解することを通して把握することで、生と知、存在と認識とを結びつける道がそれである。その可能性を示す有力な例として、環境破壊による人類の生態史の変化の問題をあげることができるであろう。

周知のように、現代世界は、人類が生みだした近代文明による生態史の変化が人類の生存そのものを危険にさらすという倒錯した状況に直面している。地球温暖化による気候変動に象徴されるこの状況は、現代人が、ルソーのいう「人類は生存の仕方を変えなければ滅びてしまう」事態のなかにいることを意味しているといってよい。

こうした人類共滅の危機を克服するために、現代を生きる人々に、文化や宗教や民族の差異をこえて等しくもとめられる規範的な生のあり方がある。もとより、それは、自分たちの置かれた深刻な存在状況を冷徹に認識した上で、そこから、すべての人間が生態環境の破壊をくいとめる生のあるべきあり方を探る途にほかならない。

この例が鋭角的に示すのは、人間がそのなかに置かれた存在状況の認識から生の規範的な指針を引きだす思考様式の必要性である。現代世界のなかで、そうした考え方を生かしうる事例は、ほかにも数多くあげることができるであろう。たとえば、難民との共存問題はそれに属するといってよい。内戦や民族浄化が生みだす難民との人間的な共感にもとづく共存をうけいれる生き方は、彼らが強いられている悲惨な非人間的存在状態を知ることなしに望むことはできないからである。

こうした例が雄弁に物語るように、生と知とを結合するロック的な思考様式は、人々を分かつさまざまな差異をこえて現在においてもなお十分に生かすことができ、また、生かすべきものであるといってよい。

理性の限界と有用性との自覚

最後にあげておきたいのは、人間が持つ理性の限界と有用性との自覚を持つことの重要性である。

本論でくりかえし述べたように、ロックは、人間の理性によって「神の意志」を直接認識することは不可能であることを自覚していた。ロックが、単独の理性にとって、「神の意志」である道徳規範としての自然法は「われわれの知らない法」にとどまるとした理由もそこにあった。だからこそ、ロックは、「信仰」が「啓示」への「理性」の同意であるとしても、それは、イエスの神的権威への「信頼」を媒介とする同意であるとして、「理性」が単独で「啓示」の真偽の判定を下すことはできないとしたのである。

もとより、それは、観念理論としてのロックの認識論においては、理性が感覚との共働によって作りだす認識が「観念以上には及ばない」とされざるをえなかったことからの必然的な帰結であった。そのかぎりで、ロックは、近代哲学の創始者の一人であったにもかかわらず、しばしば、自然も人為も支配する万能の道具的理性として批判的に描かれてきた近代的理性とは異なるつつましい理性概念を持つ思想家であった。

しかし、ロックは、このように理性の限界を自覚していたとしても、なお、理性がきわめて有用性の高い能力であることを信じて疑わなかった。むしろ、ロックは、理性の限界を「神の意志」を直接認識する領域に限定することによって、逆に、それ以外の領域では理性が大きな機能をはたしうることをみとめたといってよい。

その場合、ロックが、理性についてとくに重視したのは、未来を予測して現在の行動を決める能力としての側面であった。『統治二論』のなかから、それを示す具体的な例を二つあげることができる。

一つは、自然状態にある人間が、「プロパティ」の保全を目的として政治的統治を「理性を行使しつつ……作りだす」場合であった。そこにみられるのは、未来の政治的統治の下におけるる方が「プロパティ」を確実に享受できることを理性によって予測して、現在の行動を、自然状態を去り、政治的統治を作為する方向へと向ける人々の行動様式にほかならないからである。

もう一つの例は、ロックが、人間の理性を農業のモデルを使って説明している場合にもとめられる。農業が次のようにして成り立っていることが、その理由であった。すなわち、農業は、たとえば種麦が将来何倍もの収穫になって返ってくることを理性的に予想して、今手元にある種麦を当座の飢えを充たすために食べることなく畑に蒔《ま》き、育てるという現在の行動様式によって支えられているからである。

このように、一方で、理性の限界をつつましくみとめ、他方で、未来を予想して現在の行動を決める理性能力の有用性を主張したロックの理性観は、今に生かすべき重要な意味を持っている。それを示す例は、いくらでもあげることができるであろう。

たとえば、核保有国が、理性の道具的使用の極致《きょくち》ともいえる核兵器が未来において使用された場合には、いかに悲惨な状態が引きおこされるかを理性的に予測して、核廃絶への歩みを「今、ここで」決断することは、そのみやすい例である。また、科学的理性を総動員して作られる原子力発電所が、未来において事故をおこした場合には取り返しのつかない事態を生じさせることを理性によって予測して、現在、原子力発電に変わる再生可能エネルギーにエネルギー源を変える選択をすることもその有力な事例にほかならない。

このように、人間の理性能力を過信せず、しかし、未来を予測して現在の行動を決める能力としての理性の有用性をみとめたロックの視点は、現代においても汲むべき大きな意味をあきらかに持っている。

以上五点にわたってみてきたように、ロックの思想や思考様式には、時代の変化や、文化的背景の相違をこえて、現代の問題を解決するために生かしうる豊かな可能性がふくまれている。

その意味で、ロックは、決して、過去の死せる思想家でも、思想の歴史の単なる一コマを飾るだけの存在でもない。彼は、依然として、その思想を、現代世界がかかえる課題の解決のための知的遺産として積極的に生かすべき思想家でありつづけている。

あとがき

筆者がロック研究を始めてから、年すでに久しい。その跡を振り返りながら、筆者のロック研究にとくに強く関連する三つの点について記すことで、「あとがき」に代えさせていただくことにする。

第一にふれておかなければならないのは、筆者のロック研究史における本書の位置についてである。筆者は、これまでに、ロックに関するかなりの数の論稿を公刊してきた。今回、本書を書きながら、旧稿を通して示してきたロック解釈の枠組みが、今の筆者のなかでもとくには変わっていないことをあらためて感じさせられた。もとより、時間の経過のなかで、ロックをめぐる筆者の思索に変化がなかったわけではない。しかし、全体としてみるかぎり、本書で描いたロック像は筆者が今まで世に問うてきたものと大きくは異ならないものになった。

ただし、本書では、以下のような工夫をこらした。一つは、筆者が、従来の研究では個別的にしか扱ってこなかった主題を有機的に関連づけながら、ロックの思想世界の全体像を描くことをめざしたことである。筆者にとって、これは、ほとんどはじめての試みであった。また、本書が思想的評伝の側面を持つことから、ロックの伝記を付した。これも、今までにない試みであった。さらに、「エピローグ」で、ロックの思想が持つ現代的意義についてかなり詳細に論じた。これは、筆者のロック研究に対して故藤原保信氏をはじめとする多くの方々から寄せられながら、きちんとは答えてこなかった問いであったからである。

このように、これまでにはなかった試みや論じ残してきたことをもとりいれながら書いた本書について、筆者は、自分自身のロック研究に一つの区切りをつける作品であると考えている。

次にふれておきたいのは、筆者のロック研究に貴重な指針をあたえてくれた二人の存在についてである。

お一人は、故福田歓一先生であった。先生は、筆者がロック研究を始めたころ、「ロックは理解するのが難しい」ということをしばしばもらされた。もとより、これは、「だから心してロックに取り組め」という筆者への励ましであった。しかし、当時の筆者にとって、先生のその言葉は、やや意外感を覚えさせるものでもあった。筆者は、併行して取り組んでいたホッブスやスピノザに比べて、ロックはむしろ理解が比較的容易な思想家であるという印象をいだいていたからである。

しかし、自身のロック研究が少しずつ進むにつれて、筆者は、先生の指摘がいかに的を射たものであるかを痛いほど思い知らされるようになった。ロックは、その思想領域の幅広さにおいて、何よりもその思想内容の複雑さにおいて、理解に極度の困難がともなう思想家であることがわかってきたからである。

本書において筆者が心がけたのは、福田先生がいわれたロックの思想を理解することの「難しさ」を少しでもとりのぞいて、それをできるだけわかりやすいものにすることであった。その点で、本書は、福田先生からはるか昔にいただいた問いに対して、筆者が長い時間をかけてだした答えの意味を持っている。先生にお読みいただけないのが無念であるというほかはない。筆者にとっては、本書を、先生と同じようにいつも心にかけて下さった良子夫人にお届けできたことが、せめてもの慰めとなっている。

筆者のロック研究にとって、もう一人、ケンブリッジ大学のジョン・ダン氏の存在も福田先生の場合に劣らず大きなものであった。

よく知られているように、ダン氏は、一九六九年に刊行した著書『ジョン・ロックの政治思想』でロックをキリスト教思想家として描き、ロック解釈にパラダイム転換をもたらした政治思想史家である。たしかに、筆者自身も、クリスチャンではなかったものの、この著書を読む前からロックの思想において宗教や神学がいかに切実な意味を持っているかを感じていた。しかし、筆者にとって、その点を中心に据えたロック研究を本格的に展開する上で、ダン氏の研究が常に大きな励ましになったことは事実である。

とくに、筆者が一九七九年にケンブリッジ大学に留学してから今日に至るまで、ダン氏との公私にわたる交流をつづけてきたことの意味は決定的であった。それによって、ダン氏は、筆者にとって、基本的なロック像だけではなく、現代世界の政治理論的考察への関心をも共有する研究上の同行者になったからである。筆者にとって、これはこの上なく幸運なことであった。そうした関係は、自己との対話をくりかえしながら孤独に進められる学問という営みにおいては、もとめてもなかなか得られないものであるからである。

第三にふれておきたいのは、筆者が、戦後日本におけるロック研究に対して感じてきた若干の問題性や違和感についてである。それは次のような点に関連してであった。

ロックの政治思想をめぐる戦後日本の研究の出発点を画したのは、丸山眞男が一九四九年に発表した「ジョン・ロックと近代政治原理」という論稿であった。そこで示された丸山の基本的な問題関心は、ロックに代表される「近代政治原理」を定着させることによって戦後日本の政治体制を近代化し、民主化することにあった。

丸山以降、ロックの政治思想を、社会契約説・立憲主義・自由主義・「市民政治」論といった観点から分析するものが主流になったが、それらは、あきらかに丸山の問題関心を引きつぐ意味を持つものであった。そうした研究は、いずれも、デモクラシーによる近代国家の形成という戦後日本の課題を解くための重要な指針をロックにもとめようとする基調を丸山と共有していたからである。

しかし、筆者は、ロック研究のそうした流れには主として二つの点で問題性を感じてきた。一つは、思想の近代性を脱宗教化や世俗化と同一視する傾向に対してであった。戦後日本のロック研究において、ロックの政治思想にしばしば冠せられてきた「近代的」という形容詞は、多くの場合、「非宗教的」ということを含意してきた。しかし、たとえばM・ウェーバーの研究が示すように、少なくともロックが生きた一七世紀ヨーロッパの思想史に関するかぎり、思想の近代性には、より強く宗教や宗教的エートスによって準備され、支えられた面があった。

ロックに即していえば、ロックの近代性といわれるもののうち、たとえば、自律的な人間像、政治における人間の作為の契機の強調、政教分離の主張といったものは、本論で詳述したように、いずれも「神学的パラダイム」からみちびかれたものであった。

このように、筆者が、ロックについてキリスト教思想家であることを強調した背景には、思想の近代性を世俗性にもとめる一般的動向をうけて、ロックの思想における宗教的契機を消極的にしか評価してこなかった研究傾向に対する疑念があったのである。

筆者が感じてきた第二の問題性は、次の点にあった。すなわち、ロックを「近代的」な思想家として肯定的に描くために、たとえば、人間を理性的で自由・平等な存在とみなす人間観、権力制限や法の支配をもとめる自由主義的政治観といったロックの思想の光の部分が強調されすぎる傾向があったことに対してである。筆者が、ロックの思想には、理性の挫折、権利上平等な人間の事実上の分極、信仰の絶対的な自由を否定する政治秩序観といったいわば負の要素があったことを強調したのはそのためであった。

しかし、ロックの思想の否定的な要素のうち、戦後日本のロック研究が放置してきた最大の問題は、ロックの思想が持つ植民地主義との微妙な関連である。

周知のように、ロックは、北アメリカのような自然状態にある土地に労働を投下した者には、その開墾地に対する私的所有権があたえられるとした。この議論を徹底していけば、北アメリカに入植して農業や牧畜のための土地を開拓し、そこに定住したヨーロッパ人には、先住民を排除して成り立つその土地への私的所有権がみとめられることになってしまう。

このように、ロックは、それを意図したかどうかは別として、ヨーロッパ人による植民地主義の正当化につながるような見解を持つ人物であった。その点をみきわめるうえで、ロックが、パトロンであったシャフツベリ伯との関係で北アメリカにおけるイングランド貴族の植民地経営に実務的にかかわった事実をも忘れてはならないであろう。

しかし、戦後日本のロック研究においては、たとえばアメリカの独立宣言へのロックの影響といった肯定的な側面を強調する傾向が強く、植民地主義の正当化を含意するようなロックの思想の問題的な側面はほとんど指摘されないできた。その点については、筆者もまた責任を免れることはできない。研究者がロックと植民地主義との関連に注目するようになったのは、ようやく、植民地主義を再考しようとするポスト・コロニアリズムの余波をうけた一九九〇年代以降のことであり、筆者の場合もその例にもれなかったからである。

以上のように、戦後日本のロック研究は、ロックの思想が秘める宗教性、ロックの思想における理性の挫折や植民地主義との関連といった負の側面に十分な配慮を払ってきたとはいいがたい。その点で、今後、これまでのロック研究に欠けていたものにも眼を配りながら、より正確な史実のロック像を描き、そのなかからロックの現代的な意味を再考するような研究が進展していくことに大いに期待したいと思う。そのために、本書がこれからのロック研究をになう人々に対していささかでも刺激になるようであれば、筆者にとってそれ以上の喜びはない。

「あとがき」を結ぶにあたって付言しておかなければならないのは、今回も多くの人々に助けられたことについてである。そのうちでも、ロックの思想の現代的意味に関する筆者の見解を後押ししてくれたダン、原稿への有益なコメントを寄せてくれた村井洋、李静和、木花章智、平石耕、いつものように筆者の仕事を遠くから励ましてくれた百瀬三千代、原稿のドラフト段階から厳密な批評家の役割をはたしてくれた西崎文子には、とくに深く感謝しなければならない。

もう一つ、本書の編集を担当された岩波新書編集部の中山永基氏に対しても、筆者は感謝の言葉を持たない。理解に困難が多いロックを主題とした本書が少しでも読みやすいものになっているとすれば、その最大の理由は、中山氏との自由な意見交換にあるといってよい。筆者にとって、それは、久しぶりに楽しむことができた編集者との共同作業であった。

二〇一八年　冬

加藤　節

ロック略年譜

※年が確定されていない場合には可能性のある他の年を（　）で示した．

1632　8月29日，サマセット州リントンでピューリタンの家庭に生まれる．父ジョン，母アグネス．父は治安判事の訴訟代理人兼書記．
1642　王党派と議会派との間の内戦勃発．父ジョン，議会派の将校として参戦．上官にA.ポファム．
1647　ウェストミンスター・スクール入学．
1649　「ピューリタン革命」なり，チャールズ1世処刑．イングランド，共和制に移行．
1652　オックスフォード大学，クライスト・チャーチ入学．
1658　クライスト・チャーチ特別研究員．ギリシャ語，修辞学，道徳哲学のチューターをつとめつつ，化学や医学の実験に参加．
1660　このころ，デカルト，ガッサンディの哲学にふれて，認識問題への関心をいだく．王政復古．62年にかけて『世俗権力二論』執筆．
1663　64年にかけて『自然法論』執筆．
1666　オックスフォードで，A.アシュリー・クーパー卿と出会う．
1667　ロンドンのアシュリー邸に移る．『寛容論』執筆．
1670(71)　このころ，アシュリー邸の会合で『人間知性論』執筆の機縁が生まれる．
1672　アシュリー，シャフツベリ伯に叙せられ，大法官に任じられる．
1673　シャフツベリ，「ドーバーの密約」の発覚を機に反国王闘争を開始．
1675　病気静養をかねてフランスに旅行，79年の帰国まで，

パリやモンペリエに滞在．人間の知性に関する研究が進む．

1679–83 王位継承権者からのカトリック排除を争点とする国王派とシャフツベリ派との対立による「王位排斥問題をめぐる危機」．81年にかけて『統治二論』執筆．82年，シャフツベリ，オランダに亡命，翌年客死．シャフツベリ派壊滅．オランダに亡命．

1685 チャールズ2世死去し，弟のヨーク公，ジェイムズ2世として即位してカトリック化政策を進める．ルイ14世，ナントの勅令を廃止し，ユグノーへの弾圧強化．ファン・リンボルクの要請をうけ『寛容についての手紙』執筆．

1687 このころ，『人間知性論』脱稿．

1688 『人間知性論』のフランス語訳摘要を『万国歴史文献』誌に発表．「名誉革命」．オランダのオレンジ公ウイリアム，イングランドに向かう．

1689 オレンジ公ウイリアムの妻メアリとともに帰国．ウイリアムとメアリ，共同王位に就く．『寛容についての手紙』のラテン語版，その英訳版出版．『統治二論』，『人間知性論』発売（ともに正式な出版年は90年）．

1690 プローストの批判に答えて『寛容についての第二の手紙』出版．

1691 エセックス州オーツのマシャム家に夫人ダマリスのすすめで転居．

1692 『寛容についての第三の手紙』出版．

1693 『教育についての若干の考察』出版．

1694 『人間知性論』・『統治二論』各第二版出版．

1695 『人間知性論』第三版出版．『キリスト教の合理性』出版．エドワーズの批判に答えて『キリスト教の合理性の弁明』出版．

1697 『キリスト教の合理性の第二の弁明』出版．『人間知性論』を批判するウスター主教スティリングフリートに反

論する二つの『手紙』を出版.

1698　『統治二論』第三版出版.

1700　『人間知性論』第四版出版.

1704　『パウロ書簡註釈』執筆．遺言書を作成し『寛容についての手紙』,『統治二論』,『キリスト教の合理性』が自作であることをみとめる．健康悪化し，10月28日，死去．ハイ・レイヴァーの墓地に埋葬.

1705　翌々年にかけて『パウロ書簡註釈』出版.

1706　『人間知性論』第五版出版.『寛容についての第四の手紙』(未完)出版.

1714　最初の『著作集』全三巻出版.

加藤 節

1944年 長野県に生まれる
1969年 東京大学法学部卒業
1974年 東京大学大学院法学政治学研究科博士課程修了(法学博士)
専攻—政治学史・政治哲学
現在—成蹊大学名誉教授
著書—『近代政治哲学と宗教』『ジョン・ロックの思想世界』(以上，東京大学出版会)
『政治と人間』『政治と知識人——同時代史的考察』『南原繁の思想世界——原理・時代・遺産』(以上，岩波書店)
『南原繁——近代日本と知識人』(岩波新書)
『政治学を問いなおす』(ちくま新書)
『同時代史考——政治思想講義』(未来社)ほか
訳書—ジョン・ロック『統治二論』(岩波文庫)
ジョン・ダン『ジョン・ロック——信仰・哲学・政治』(岩波書店)ほか

ジョン・ロック
——神と人間との間　岩波新書(新赤版)1720

2018年5月22日　第1刷発行

著 者　加藤《かとう》 節《たかし》

発行者　岡本 厚

発行所　株式会社 岩波書店
〒101-8002 東京都千代田区一ツ橋 2-5-5
案内 03-5210-4000　営業部 03-5210-4111
http://www.iwanami.co.jp/

新書編集部 03-5210-4054
http://www.iwanamishinsho.com/

印刷・三陽社　カバー・半七印刷　製本・中永製本

ISBN 978-4-00-431720-3　Printed in Japan

岩波新書新赤版一〇〇〇点に際して

ひとつの時代が終わったと言われて久しい。だが、その先にいかなる時代を展望するのか、私たちはその輪郭すら描きえていない。二〇世紀から持ち越した課題の多くは、未だ解決の緒を見つけることのできないままであり、二一世紀が新たに招きよせた問題も少なくない。グローバル資本主義の浸透、憎悪の連鎖、暴力の応酬——世界は混沌として深い不安の只中にある。

現代社会においては変化が常態となり、速さと新しさに絶対的な価値が与えられた。消費社会の深化と情報技術の革命は、種々の境界を無くし、人々の生活やコミュニケーションの様式を根底から変容させてきた。ライフスタイルは多様化し、一面では個人の生き方をそれぞれが選びとる時代が始まっている。同時に、新たな格差が生まれ、様々な次元での亀裂や分断が深まっている。社会や歴史に対する意識が揺らぎ、普遍的な理念に対する根本的な懐疑や、現実を変えることへの無力感がひそかに根を張りつつある。そして生きることに誰もが困難を覚える時代が到来している。

しかし、日常生活のそれぞれの場で、自由と民主主義を獲得し実践することを通じて、私たち自身がそうした閉塞を乗り超え、希望の時代の幕開けを告げてゆくことは不可能ではあるまい。そのために、いま求められていること——それは、個と個の間で開かれた対話を積み重ねながら、人間らしく生きることの条件について一人ひとりが粘り強く思考することではないか。その営みの糧となるものが、教養に外ならないと私たちは考える。歴史とは何か、よく生きるとはいかなることか、世界そして人間はどこへ向かうべきなのか——こうした根源的な問いとの格闘が、文化と知の厚みを作り出し、個人と社会を支える基盤としての教養となった。まさにそのような教養への道案内こそ、岩波新書が創刊以来、追求してきたことである。

岩波新書は、日中戦争下の一九三八年一一月に赤版として創刊された。創刊の辞は、道義の精神に則らない日本の行動を憂慮し、批判的精神と良心的行動の欠如を戒めつつ、現代人の現代的教養を刊行の目的とする、と謳っている。以後、青版、黄版、新赤版と装いを改めながら、合計二五〇〇点余りを世に問うてきた。そして、いままた新赤版が一〇〇〇点を迎えたのを機に、人間の理性と良心への信頼を再確認し、それに裏打ちされた文化を培っていく決意を込めて、新しい装丁のもとに再出発したいと思う。一冊一冊から吹き出す新風が一人でも多くの読者の許に届くこと、そして希望ある時代への想像力を豊かにかき立てることを切に願う。

（二〇〇六年四月）

政治

日中漂流	毛里和子
共生保障〈支え合い〉の戦略	宮本太郎
シルバー・デモクラシー 戦後世代の覚悟と責任	寺島実郎
憲法と政治	青井未帆
18歳からの民主主義	岩波新書編集部編
検証 安倍イズム	柿崎明二
右傾化する日本政治	中野晃一
外交ドキュメント 歴史認識	服部龍二
日米〈核〉同盟 原爆、核の傘、フクシマ	太田昌克
集団的自衛権と安全保障	豊下楢彦 古関彰一
日本は戦争をするのか	半田滋
アジア力の世紀	進藤榮一
民族紛争	月村太郎
自治体のエネルギー戦略	大野輝之
政治的思考	杉田敦
現代日本の政党デモクラシー	中北浩爾
サイバー時代の戦争	谷口長世
現代中国の政治	唐亮
日本の国会	大山礼子
戦後政治史〔第三版〕	石川真澄 山口二郎
〈私〉時代のデモクラシー	宇野重規
大臣〔増補版〕	菅直人
生活保障 排除しない社会へ	宮本太郎
「ふるさと」の発想	西川一誠
政治の精神	佐々木毅
「戦地」派遣 変わる自衛隊	半田滋
民族とネイション	塩川伸明
昭和天皇	原武史
集団的自衛権とは何か	豊下楢彦
沖縄密約	西山太吉
ルポ 改憲潮流	斎藤貴男
吉田茂	原彬久
戦後政治の崩壊	山口二郎
市民の政治学	篠原一
東京都政	佐々木信夫
有事法制批判	憲法再生フォーラム編
日本政治 再生の条件	山口二郎編著
安保条約の成立	豊下楢彦
岸信介	原彬久
自由主義の再検討	藤原保信
海を渡る自衛隊	佐々木芳隆
一九六〇年五月一九日	日高六郎編
日本の政治風土	篠原一
近代の政治思想	福田歓一

経済

岩波新書より

社会

歩く、見る、聞く 人びとの自然再生	宮内泰介
対話する社会へ	暉峻淑子
悩みいろいろ	金子勝
魚と日本人 食と職の経済学	濱田武士
ルポ 貧困女子	飯島裕子
鳥獣害 動物たちと、どう向きあうか	祖田修
科学者と戦争	池内了
新しい幸福論	橘木俊詔
ブラックバイト 学生が危ない	今野晴貴
原発プロパガンダ	本間龍
ルポ 母子避難	吉田千亜
日本にとって沖縄とは何か	新崎盛暉
日本病 長期衰退のダイナミクス	金子勝 児玉龍彦
雇用身分社会	森岡孝二
生命保険とのつき合い方	出口治明
ルポ にっぽんのごみ	杉本裕明
鈴木さんにも分かるネットの未来	川上量生
地域に希望あり	大江正章
世論調査とは何だろうか	岩本裕
フォト・ストーリー 沖縄の70年	石川文洋
ルポ 保育崩壊	小林美希
多数決を疑う 社会的選択理論とは何か	坂井豊貴
アホウドリを追った日本人	平岡昭利
朝鮮と日本に生きる	金時鐘
被災弱者	岡田広行
農山村は消滅しない	小田切徳美
復興〈災害〉	塩崎賢明
「働くこと」を問い直す	山崎憲
原発と大津波 警告を葬った人々	添田孝史
縮小都市の挑戦	矢作弘
福島原発事故 被災者支援政策の欺瞞	日野行介
日本の年金	駒村康平
食と農でつなぐ 福島から	岩崎由美子 塩谷弘康
過労自殺〔第二版〕	川人博
金沢を歩く	山出保
ドキュメント 豪雨災害	稲泉連
ひとり親家庭	赤石千衣子
女のからだ フェミニズム以後	荻野美穂
〈老いがい〉の時代	天野正子
子どもの貧困 II	阿部彩
性と法律	角田由紀子
ヘイト・スピーチとは何か	師岡康子
生活保護から考える	稲葉剛
かつお節と日本人	宮内泰介 藤林泰
家事労働ハラスメント	竹信三恵子
福島原発事故 県民健康管理調査の闇	日野行介
電気料金はなぜ上がるのか	朝日新聞経済部
おとなが育つ条件	柏木惠子
在日外国人〔第三版〕	田中宏
まち再生の術語集	延藤安弘

岩波新書より

震災日録 記憶を記録する　森まゆみ
原発をつくらせない人びと　山秋真
社会人の生き方　暉峻淑子
構造災 科学技術社会に潜む危機　松本三和夫
家族という意志　芹沢俊介
ルポ 良心と義務　田中伸尚
飯舘村は負けない　千葉悦子・松野光伸
夢よりも深い覚醒へ　大澤真幸
子どもの声を社会へ　桜井智恵子
就職とは何か　森岡孝二
日本のデザイン　原研哉
ポジティヴ・アクション　辻村みよ子
脱原子力社会へ　長谷川公一
希望は絶望のど真ん中に　むのたけじ
福島 原発と人びと　広河隆一
アスベスト 広がる被害　大島秀利
原発を終わらせる　石橋克彦編
日本の食糧が危ない　中村靖彦
勲章 知られざる素顔　栗原俊雄

希望のつくり方　玄田有史
生き方の不平等　白波瀬佐和子
同性愛と異性愛　風間孝・河口和也
居住の貧困　本間義人
贅沢の条件　山田登世子
新しい労働社会　濱口桂一郎
世代間連帯　上野千鶴子・辻元清美
道路をどうするか　五十嵐敬喜・小川明雄
子どもの貧困　阿部彩
子どもへの性的虐待　森田ゆり
戦争絶滅へ、人間復活へ　むのたけじ 聞き手 黒岩比佐子
テレワーク 「未来型労働」の現実　佐藤彰男
反貧困　湯浅誠
不可能性の時代　大澤真幸
地域の力　大江正章
ベースボールの夢　内田隆三
グアムと日本人 戦争を埋立てた楽園　山口誠
少子社会日本　山田昌弘

親米と反米　吉見俊哉
「悩み」の正体　香山リカ
変えてゆく勇気　上川あや
建築紛争　五十嵐敬喜・小川明雄
戦争で死ぬ、ということ　島本慈子
社会学入門　見田宗介
冠婚葬祭のひみつ　斎藤美奈子
少年事件に取り組む　藤原正範
いまどきの「常識」　香山リカ
働きすぎの時代　森岡孝二
桜が創った「日本」　佐藤俊樹
生きる意味　上田紀行
ルポ 戦争協力拒否　吉田敏浩
ウォーター・ビジネス　中村靖彦
男女共同参画の時代　鹿嶋敬
当事者主権　中西正司・上野千鶴子
ルポ 解雇　島本慈子
豊かさの条件　暉峻淑子
人生案内　落合恵子

現代世界

習近平の中国　百年の夢と現実　林　望
中国のフロンティア　川島　真
シリア情勢　青山弘之
ルポ トランプ王国　金成隆一
ルポ 難民追跡　バルカンルートを行く　坂口裕彦
アメリカ政治の壁　渡辺将人
プーチンとG8の終焉　佐藤親賢
香　港　中国と向き合う自由都市　倉田　徹／張　イクマン
〈文化〉を捉え直す　渡辺　靖
イスラーム圏で働く　桜井啓子編
中　南　海　知られざる中国の中枢　稲垣　清
フォト・ドキュメンタリー 人間の尊厳　林　典子
(株)貧困大国アメリカ　堤　未果
女たちの韓流　山下英愛
新・現代アフリカ入門　勝俣　誠
中国の市民社会　李　妍焱
勝てないアメリカ　大治朋子
ブラジル　跳躍の軌跡　堀坂浩太郎
非アメリカを生きる　室　謙二
ネット大国中国　遠藤　誉
中国は、いま　国分良成編
ジプシーを訪ねて　関口義人
中国エネルギー事情　郭　四志
アメリカン・デモクラシーの逆説　渡辺　靖
ユーラシア胎動　堀江則雄
オバマ演説集　三浦俊章編訳
ルポ 貧困大国アメリカⅡ　堤　未果
オバマは何を変えるか　砂田一郎
タイ 中進国の模索　末廣　昭
平　和　構　築　東　大作
イ　ス　ラ　エ　ル　臼杵　陽
ドキュメント アメリカの金権政治　軽部謙介
ネイティブ・アメリカン　鎌田　遵
アフリカ・レポート　松本仁一
ヴェトナム新時代　坪井善明
イラクは食べる　酒井啓子
ルポ 貧困大国アメリカ　堤　未果
エビと日本人Ⅱ　村井吉敬
北朝鮮は、いま　北朝鮮研究学会編／石坂浩一監訳
欧州連合　統治の論理とゆくえ　庄司克宏
バ　チ　カ　ン　郷富佐子
国際連合　軌跡と展望　明石　康
アメリカよ、美しく年をとれ　猿谷　要
日　中　関　係　戦後から新時代へ　毛里和子
いま平和とは　最上敏樹
「民族浄化」を裁く　多谷千香子
サウジアラビア　保坂修司
中国激流　13億のゆくえ　興梠一郎
多民族国家 中国　王　柯
国連とアメリカ　最上敏樹
東アジア共同体　谷口　誠

岩波新書より

宗教

パウロ 十字架の使徒	青野太潮
弘法大師空海と出会う	川﨑一洋
高野山	松長有慶
マルティン・ルター	徳善義和
教科書の中の宗教	藤原聖子
『教行信証』を読む 親鸞の世界へ	山折哲雄
国家神道と日本人	島薗進
聖書の読み方	大貫隆
寺よ、変われ	高橋卓志
親鸞をよむ	山折哲雄
日本宗教史	末木文美士
法華経入門	菅野博史
イスラム教入門	中村廣治郎
ジャンヌ・ダルクと蓮如	大谷暢順
蓮如	五木寛之
キリスト教と笑い	宮田光雄
密教	松長有慶
仏教入門	三枝充悳
モーセ	浅野順一
イスラーム(回教)	蒲生礼一
ヨブ記	浅野順一
聖書入門	小塩力
慰霊と招魂	村上重良
国家神道	村上重良
お経の話	渡辺照宏
日本の仏教	渡辺照宏
仏教〔第二版〕	渡辺照宏
禅と日本文化	鈴木大拙 北川桃雄訳

心理・精神医学

モラルの起源	亀田達也
トラウマ	宮地尚子
自閉症スペクトラム障害	平岩幹男
自殺予防	高橋祥友
だます心 だまされる心	安斎育郎
痴呆を生きるということ	小澤勲
快適睡眠のすすめ	堀忠雄
精神病	笠原嘉
やさしさの精神病理	大平健
生涯発達の心理学	高橋恵子 波多野誼余夫
心病める人たち	石川信義
コンプレックス	河合隼雄
日本人の心理	南博

岩波新書より

言語

やさしい日本語	庵 功雄
世界の名前	岩波書店辞典編集部 編
英語学習は早いほど良いのか	バトラー後藤裕子
ものの言いかた西東	小林隆 澤村美幸
日本語スケッチ帳	田中章夫
日本語の考古学	今野真二
辞書の仕事	増井元
実践 日本人の英語	マーク・ピーターセン
ことばの力学	白井恭弘
女ことばと日本語	中村桃子
テレビの日本語	加藤昌男
日本語雑記帳	田中章夫
英語で話すヒント	小松達也
仏教漢語50話	興膳宏
語感トレーニング	中村明
曲り角の日本語	水谷静夫
日本語の古典	山口仲美
日本語と時間	藤井貞和
ことばと思考	今井むつみ
漢文と東アジア	金文京
漢語日暦	興膳宏
外国語学習の科学	白井恭弘
日本語の源流を求めて	大野晋
英文の読み方	行方昭夫
漢字伝来	大島正二
ことば遊びの楽しみ	阿刀田高
日本語の歴史	山口仲美
日本の漢字	笹原宏之
ことばの由来	堀井令以知
コミュニケーション力	齋藤孝
聖書でわかる英語表現	石黒マリーローズ
漢字と中国人	大島正二
日本語の教室	大野晋
言語の興亡	R.M.W.ディクソン 大角翠 訳
日本人はなぜ英語ができないか	鈴木孝夫
心にとどく英語	マーク・ピーターセン
日本語練習帳	大野晋
翻訳と日本の近代	丸山真男 加藤周一
日本語ウォッチング	井上史雄
教養としての言語学	鈴木孝夫
日本語の起源〔新版〕	大野晋
言語学とは何か	田中克彦
日本人の英語 正・続	マーク・ピーターセン
日本語と外国語	鈴木孝夫
日本語〔新版〕上・下	金田一春彦
日本語の構造	中島文雄
ことばとイメージ	川本茂雄
外国語上達法	千野栄一
記号論への招待	池上嘉彦
翻訳語成立事情	柳父章
ことばと国家	田中克彦
日本語の文法を考える	大野晋
日本の方言	柴田武
言語と社会	ピーター・トラッドギル 土田滋 訳
ことばと文化	鈴木孝夫

教育

岩波新書より

世界史

(2017.8)　

岩波新書より

文学

正岡子規 人生のことば	復本一郎
『レ・ミゼラブル』の世界	西永良成
北原白秋 言葉の魔術師	今野真二
文庫解説ワンダーランド	斎藤美奈子
俳句世がたり	小沢信男
漱石のこころ	赤木昭夫
夏目漱石	十川信介
村上春樹は、むずかしい	加藤典洋
「私」をつくる 近代小説の試み	安藤宏
現代秀歌	永田和宏
言葉と歩く日記	多和田葉子
近代秀歌	永田和宏
杜甫	川合康三
古典力	齋藤孝
食べるギリシア人	丹下和彦
和本のすすめ	中野三敏
老いの歌	小高賢
魯迅	藤井省三
ラテンアメリカ十大小説	木村榮一
王朝文学の楽しみ	尾崎左永子
正岡子規 言葉と生きる	坪内稔典
文学フシギ帖	池内紀
ヴァレリー	清水徹
白楽天	川合康三
ぼくらの言葉塾	ねじめ正一
季語の誕生	宮坂静生
和歌とは何か	渡部泰明
ミステリーの人間学	廣野由美子
小林多喜二	ノーマ・フィールド
いくさ物語の世界	日下力
中国の五大小説 上 三国志演義・西遊記	井波律子
中国の五大小説 下 水滸伝・金瓶梅・紅楼夢	井波律子
中国名文選	興膳宏
アラビアンナイト	西尾哲夫
小説の読み書き	佐藤正午
森鷗外 文化の翻訳者	長島要一
チェーホフ	浦雅春
英語でよむ万葉集	リービ英雄
源氏物語の世界	日向一雅
俳人漱石	坪内稔典
花のある暮らし	栗田勇
読書力	齋藤孝
一億三千万人のための小説教室	高橋源一郎
ダルタニャンの生涯	佐藤賢一
花を旅する	栗田勇
一葉の四季	森まゆみ
中国文章家列伝	井波律子
翻訳はいかにすべきか	柳瀬尚紀
太宰治	細谷博
隅田川の文学	久保田淳
ジェイムズ・ジョイスの謎を解く	柳瀬尚紀
短歌をよむ	俵万智
西行	高橋英夫

岩波新書／最新刊から

1709 インド哲学10講　赤松明彦著
インド哲学から考えると、世界はどのように見えるだろう。二千年以上にわたる思索の軌跡を一〇のテーマから学ぶ、刺激的入門書。

1710 ライシテから読む現代フランス ―政治と宗教のいま―　伊達聖伸著
数々のテロ事件を受け、フランスは政治と宗教、共生と分断のはざまで揺れている。大統領選の争点ともなった「ライシテ」とは何か。

1711 マーティン・ルーサー・キング ―非暴力の闘士―　黒﨑真著
白人による人種差別の凄まじい暴力、われわれ黒人はもう待てないのだ。非暴力で闘い抜いた苛烈な生涯をえがく。

1712 ルポ 保育格差　小林美希著
保育所は選べない。なのに人生最初の数年間に、運次第でこんなに差がつくとは⁉ 問題は待機児童だけじゃない。入った先の実態は？

1713 データサイエンス入門　竹村彰通著
データの処理・分析に必要な基本知識をおさえ、データから価値を引き出すスキルの学び方を紹介。ビジネスマン必見の待望の入門書。

1714 声優 声の職人　森川智之著
多彩な声を演じ分ける人気声優でありながら、自ら声優事務所の社長も務めるプロフェッショナルが語る、声優という職人芸。

1715 後醍醐天皇　兵藤裕己著
「賢才」か、「物狂」か。『太平記』でも評価の二分する後醍醐天皇とは、果たして何者だったのか？　後世への影響も視野に読み解く。

1716 五日市憲法　新井勝紘著
紙背から伝わる、自由民権の息吹と熱き思い。起草者「千葉卓三郎」とは何者なのか？　民衆憲法の歴史の水脈をたどる。

(2018. 5)